U0061506

伍月柳的藝術人生

從芳華到暮霞

伍月柳 著

中華書局　集古齋

序

　　嶺南畫派宗師伍月柳教授幼而穎悟，長而不懈，遂成就其丹青事業。觀其畫風，其始也富麗穠艷，形中有神，如仲春之芳華，就之欲醉。於是羣賢景慕，從者如雲。今則存神忘形，如暮霞之萬狀，出入無心，其畫藝臻化境矣。

　　觀乎女史平生，亦豈非如是。昔日芳華，須有蓄勢之力，方有怒放之姿。今則靜觀自得，暗合天然，如暮霞散綺，此亦存神忘形也。

　　余與月柳女史相識逾三十年，得睹女史自燦爛至於雅醇，其人生閱歷，殊可寶貴。今女史毅然修撰自傳，現身說法，必能感動人心，勉勵人志，功德大矣。女史近屬余序之，余遂敬述梗概如上。

2024 年‧歲次甲辰‧何文匯誌於香港山樓

目　錄

人生回憶 01

五十年藝術回顧 57

繪畫理論与示范 99

繪畫生涯 143

追憶師友 185

後記 234

伍月柳年譜 236

大家評說伍月柳 244

人生回憶

我的爺爺

我爺爺名叫伍學煥，是一位為人和善、誠實守信的商人。

當年爺爺在家鄉赤坎開了一間銀號——「茂源隆」。

當時的台山有很多人出洋謀生，去美國打工，然後把掙來的辛苦錢匯給家鄉。匯錢中間經香港「茂源隆」轉錢，然後通過「茂源隆」寄錢回家鄉——錢就是這樣由美國經香港再匯回赤坎。

赤坎是位於台山和開平中間的位置，後來爺爺遷徙到開平，然後就落籍於開平，我們因此稱自己是開平人。

爺爺是一位很講誠信的生意人。

有一年，赤坎的「茂源隆」錢莊著火，所有東西都被燒盡。很多在裏面存錢的人都很害怕，以為自己所有錢都沒法取出來了。為了安撫人心，爺爺立即貼出了一張通告，承諾在一個月內將錢全數退還給存錢的人。

怎樣可以在這麼短時間籌到那麼多現金呢？爺爺派遣當時只有不到二十歲的小兒子，赴香港籌集資金。但這位小叔不長進，被人哄騙，帶著所有籌集的錢去澳門賭博。結果將所有錢全部被輸光了，一毛錢也沒有剩下。爺爺為了兌現承諾，還存款給所有客戶，唯有賣掉自己所有的田地，將存款退還給客戶。這樣做，爺爺雖然賠了錢，但贏得了講誠信的好聲響。

1950 年代每戶農家劃分自己戶籍身份，我爺爺因為沒有田地及錢財，所以被劃分為「工商業貧農」。這樣我們一家人就幸運地避過一劫，沒有受到三反五反的政治鬥爭影響。

爸爸

1 爺爺伍學煥
2 奶奶
3 由爺爺創業的錢莊：香港茂源隆莊

我的外公外婆

我的外公名叫陳汝九，出生於一個顯赫的家庭，是陳李濟的後人。

他年輕的時候，沒有任何正式的工作，他唯一的「工作」就是抹古董——他有一間房間，他穿著長衫馬褂每日在房間裏面，用自己的去清潔欣賞古董。

陳李濟當年藥廠的生意極好，令外公衣食無憂，原本祖上的財力可以足夠讓他安享一世。

1930 年代，他很幸運地被委任為廣州市衛生局局長。他任職期間，廣州出現了一件很駭人的事件——「換嬰案」。

這件案件是由我外公去處理，他規定以後所有於產房接生的人一定要去學習、考牌及受正式護士訓練——都算做了一件好事。

我的外婆名叫譚雪貞，亦生於一個顯赫的家庭。

他的大哥是當年香港大學第一屆醫科的畢業生，由皇仁書院念完書後考入香港大學。醫科畢業後，他順利當了外科醫生。很不幸，有一次他做完手術之後受到感染，就去世了，年僅 33 歲。

他夫人是外婆的伴娘，人長得很漂亮。譚家安慰這個大舅婆說：「不要緊，你幾時想另外嫁人，我們會當你是親生女一樣嫁出去，你不要太傷心。」但她回答說：「我是不會嫁的，但我有一個要求，可否讓我完成我的願望？我想完成我丈夫的事業，供我讀醫科，可以嗎？」後來她如願在廣州完成醫科課程，在廣州豐寧醫院當了兒科醫生。

她的故事很令人感動。我在廣州的時候，爸爸媽媽及妹妹都在香港，我自己一個人獨居，有什麼事情及病痛，都是這位大舅婆照顧我。雖然

她的性格有點古怪，但我也非常欣賞、感謝她。

　　我的外婆當年因「女子無才便是德」的舊觀念，所以她沒有讀太多書。但家裏請了一位很懂針黹的人教她針黹，另外買了一部勝家衣車給她學車衣服 (當年的勝家衣車是很貴及難買到的)。所以外婆的針黹很是不錯，我也傳承了她的一些手藝。

外婆

我的父親

先父名叫伍仲堅。我祖父原本替他改名叫伍金柱，但讀書的時候，老師說他的名字很俗氣，不如改名叫伍仲堅，於是他後來的名字就改為伍仲堅。

他在台山第一中學念書，成績很好，年年都考第一。每年祭祖的時候，通常都是叫他去領頭的。

他不甘於局限於鄉下，決心要走出去，放眼看世界。所以叫爺爺給他一筆錢到上海讀書。他努力考上了上海暨南大學文學院社會學系。

他其實本該畢業於北京大學。因為他的教授後來去了北京大學授課。他跟教授一起到北京，在北京大學就讀。他在北京讀書時，是蔡元培做北京大學校長，所以我父親與他也相識，常見蔡校長及交談。

爸爸去北京中法大學讀研究生，但他的心仍繫於暨南大學，最後他回上海領取暨南大學文學士的畢業證書。

他的夢想是希望有一天可以去美國，一生都希望可以去美國走一趟，怎知他到死前也沒有機會實現這個夢想。

他去了上海後，覺得家鄉的學生也應該多多出外見見世面。於是他帶了十多個鄉下仔，到上海讀書。

他管著家鄉同學父母寄來的錢，不准他們亂花錢、不准他們跳舞和到花花世界的紅燈區。但有一次，在上海參加一個大型派對，當音樂響起時，他教授請他做他女兒的男伴，但是他不懂跳舞。他這才發現不懂跳交誼舞是不行的，自此他開始學習跳舞，也跳得很不錯。

畢業回廣州之後，爸爸就在廣州市第一中學做訓導主任。而我媽媽是在市第一中學做圖書管理員，他們倆就在那裏邂逅了。

　　1941 年抗戰的時候，爸爸就跟著他的老師去了大後方 (四川、 貴陽) 。

　　當他去了貴陽還未站穩腳時，還一度開了一間味精廠。後來他大學教授老師告訴他，滇緬公路的有位高官被人革了職，推薦他去接任這個位。爸爸便接任了這個重要的職位。

　　那時滇緬公路是抗戰時，物資從外面送入國內的唯一通道，也中國西南後方的一條歷時最久、運量最大的國際通道，有力地支援了中國抗日戰爭的各類物資運輸。當年我曾經患肺炎，兒童在那時患上肺炎是很容易致命的。幸好我爸爸買到盤尼西林 (當時盤尼西林也是剛剛問世)，救了我一命。

　　抗戰勝利之後， 我們一家人就返回廣州。爸爸則在廣東省省政廳當參議員。爸爸當年也算很如意，每日都有人來我家見父親，有事相求。

　　我的媽媽當年在離爸爸工作不遠處的田糧處做會計。

　　那時我們一家人在廣州的生活也不錯。直到 1949 年解放的時候，曾經有專機來送我們一家去台灣，但我爸爸看不慣國民黨，覺得他們貪污腐敗，所以不肯去台灣，後來轉到了香港。

　　1949 年我爸爸帶我們一家人來到了香港，也帶了不少錢過來，計劃用作發展投資事業，他打算跟一位銀行家及上海認識的一位企業家，一

1　父親愛打網球

2　民國十五年，父親在台中三年級
　　所穿校服

3　父親帶著他最喜愛的相機

1 家的近照
2 開平鄉下，有 X 標示的是我們家
3 爸爸畢業證
4 爸爸馬上英姿

起在香港開紡織廠。

世事難料，開廠的時候，那位銀行家突然身亡，工廠沒有開成。

剛到香港時，我記得當時爸爸帶我去看一間房子，是很漂亮的兩層複式單位，可以上上落落、走來走去。我們赴港時，帶了不少錢，原本可以買房子住，但又被人騙光了，也就沒錢購買了。於是我們只好搬了去深水埗醫局街的板間房。

媽媽住慣好地方，不能忍受那些板間房。父親又沒有工作怎麼辦呢？幸好有一天媽媽行街的時候，碰到一位老朋友——廖安祥，是亞洲貿易公司(現稱亞貿公司)的創辦人，他曾捐了很多錢給廖承志搞革命。他跟我媽媽說：「叫仲堅過來幫我手，剛好我公司缺了一個人，要懂英文及會計。」父親在上海讀了大學，懂英文，於是去了亞洲貿易公司工作，為國家服務。

後來經廖安祥伯伯的介紹，媽媽去了廣州外貿局做職員。而媽媽忍受不了香港的居住環境，我們廣州的家又還在，於是媽媽決定帶了我們三姊妹，搬返廣州住。

爸爸在亞洲貿易公司工作時，當年新華社(早期的中聯辦)與公司有很多聯繫。因父親的毛筆字很有功力，每年新年或節日，新華社都邀請父親為他們寫「邀請出席」的請柬。父親一寫便是一天，但他也很樂意。因此社長都很看重我父親，且成為好朋友。

雖然當時媽媽在廣州工作，爸爸在香港工作，但是當時通關很方便，

一天就可以往返到廣州香港 (後來才閉關)，生活總算穩定下來了。

爸爸在那段時間也常常抽時間返廣州，探望媽媽及我們三姊妹，在兩地來來去去， 直到一九五幾年的時候，香港封關了，香港跟大陸不能自由出入。那時候我們過著常常見不到爸爸的淒涼日子。當時在大陸有很多管制包括糧食、肉食……樣樣都受管制。爸爸在香港賺錢， 當時沒有電話，只能靠書信來往。直到一九五五年的時候媽媽經澳門來香港，留下我們姐妹三人。過壹年後我的兩個妹妹也來港，最後我等了三年才批我來香港。

父親的興趣愛好廣泛。

父親喜愛打網球，如早下班，便到幼兒園接我放學，帶我到沙面（當時的廣州租界）觀看他打球及見他的朋友。

爸爸很喜歡拍照，當時他愛上了一部 RolleiFlex 相機，很想買下它。於是他決心儲錢，連宵夜也不吃，只是吃幾個橙。如是這般的過了幾個月後， 他終於儲夠錢， 買了這部 RolleiFlex 相機 。後來他將這部相機送給我，我又把它送給我二兒子。

爸爸也愛好看畫展。在重慶的時候，他常常看畫展。有一次，看到徐悲鴻大師的畫展後，驚為天人， 買了很多他的畫冊，自己學畫。

爸爸給女兒的名字取名，中間喜歡用月字。爸爸經常到內地不同地方出差，當我出世的時候， 爸爸剛在柳州，所以起名叫伍月柳。 妹妹於五月出世時在廣州，廣州最出名是荔枝，所以起名叫伍月荔，後來媽媽覺

得女孩子用美麗的「麗」字較合適，所以讀書時便改了叫伍月麗。小妹出生時正在夏天，爸爸在樹下抽著烟斗聽到蟬聲，非常動聽，所以改名叫伍月蟬。後來媽媽覺得「娟」比較好聽，所以上學時改了名叫伍月娟。

在幾姊妹之中爸爸是最疼愛我的。

平日他很喜歡食烟斗。在我小時候，喜歡與父親一起玩烟圈，父親吹烟圈，我去捉那些小烟圈，很有天倫之樂。

在荔枝盛期，爸爸放工後很多時買荔枝給我吃，因為他知道我愛吃荔枝，還會先放在公司雪櫃中，雪凍才拿出來。

爸爸在香港工作的時間認識了很多好朋友，如何賢、船王等，相交甚深。當年工作也算是穩定，我問爸爸：「你每天返工為什麼那麼夜才回來？」，原來他每星期有幾天要去深圳點貨，他苦笑說：「我現在很慘，只好像做苦力的工作！」他覺得頗凄涼。他在亞貿公司一直做事至去世為止。

因工作過勞，爸爸病倒了。在爸爸發病後，我安排他看醫生，住在廣華醫院。我跟爸爸說：「唉！這麼多年我們都沒辦法供養你及媽媽，還是要你們捱苦！」他說：「我現在住在醫院裏面全靠你是做護士，可以住頭等病房，這已經可以當回報了！」

爸爸後半生，也很多遺憾，常常都寫岳飛辭：「怒髮衝冠憑欄處……」他心中好像總是覺得有些鬱鬱不得志的感覺，剛到 60 歲便因病逝世了。

我的媽媽

媽媽名叫陳杏堅，她從小都是靠陳李濟家族的經濟支援。

但是解放之後陳李濟就不發錢給外嫁女家。所以後來她都是靠自己辛苦的工作去謀生，全部要靠自己努力工作賺錢。

她當年就讀會計及圖書管理專業，畢業於廣州市職業學校。曾在廣州中山圖書館及市一中圖書館任圖書管理員，後在廣州田糧處做會計文職。

當年我們回廣州住時，媽媽很希望來香港跟爸爸見面，於是她很積極的幫社群做服務，教文盲的人讀書寫字，又主動做開會筆記。

街坊局的同志知道媽媽的情況跟媽媽說：「這樣吧，你放低你的三個女兒在廣州做後盾，我批准你到澳門去。」就這樣媽媽就去了澳門。

當年媽媽很慌張，因為她什麼證件也沒有，怎樣過關呢？這個時候多虧何賢幫忙，找了個手下帶她「掂行掂過」就這樣過關了，然後從澳門到達香港。

1945 年代，媽媽經常坐飛機來香港的，住在半島酒店，為的是買些洋服及用品、理髮。我曾問媽媽：你為什麼要經常去香港？她答：「去電髮囉！」想起真是好笑。媽媽來香港後跟爸爸團聚了，接著申請我的兩個妹妹伍月麗及伍月娟來香港。

我壓軸獨自留在廣州。他們住在深水埗醫局街，那個時候是香港還要制水的時候，是要叫「樓下閂水喉」的時候，十分艱苦。爸爸不喜歡向銀行借錢買樓，於是自己儲錢儲了幾年，終於在土瓜灣玉成街買了一層樓，算是有自己的居所，終於可以安居了。

一九五七年父母於容龍別墅

我的童年

我是 1943 年在貴陽出生。正值抗戰時期，生活條件比較艱苦。我記得當時住的是「高架屋」——屋子上層住人，屋子的地面層，用來養雞。當時在貴陽的孩子出世時，會把孩子放在竹籮裏。據說，有時晚上會有狼來將孩子擔走。在媽媽細心看顧下，我總算沒事。

當時媽媽在「高架屋」的地下養了一些雞。有一日，媽媽剛餵完飯，我獨自在花園玩，見到雞在吃飯，我也很想吃，便跟雞一起吃了雞吃的飯。媽媽後來發覺，大吃一驚，立刻把我抱回屋裏面。

那時爸爸在當地開了一間味精廠。爸爸跟我們說：「其實味精不是沒有營養的，我們做味精全部是從牛骨及猪骨裏面提煉出來的。」

他做了不到一年，就到重慶政府任職了。爸爸調職到滇緬公路，所以我們全家搬去重慶。

1945 年日本投降後，爸爸被調回廣東省政府處辦事。我當年跟爸爸媽媽一起返廣州，當時兩歲幾，不懂說廣東話，只會說國語。

要入學的時候，我進了廣州市第一幼稚園——廣州市最著名的幼稚園。當年老師都對我很好。我小時候很容易流鼻血，每次流鼻血的時候老師們都被嚇得很驚慌，老師把我抱去教務處處理，然後通知媽媽來接我回家。

我有時會叫工人帶我去爸爸的省政府辦事處去玩。省政府的辦事處接近中山紀念堂。去到門口的時候，侍衛兵會向我致敬，我當時覺得很有趣，認為省政廳是很好玩的地方。

1	3
2	4

1 伍月柳五歲
2 伍月柳十二歲
3 伍月柳與母親、妹妹與廣州家中
4 伍月柳三姐妹

爸爸因工作關係要來香港，我有時也會跟媽媽一起搭飛機到香港。那時我只有四五歲 ，當時覺得飛機上的東西很好吃，我常常吃飽後睡一覺後就到香港了。

1949 年剛到香港的時候，我們住的地方條件很不好。媽媽覺得廣州的祖屋仍在，不如返廣州住。於是我和妹妹、太婆和我媽一行四人返廣州惠愛西 26 號自己房子居住。

因媽媽當年要在外貿處返工，媽媽安排我在培正小學寄宿， 安慰我不要害怕。因為我是全宿舍年紀最小的，老師都特別照顧我，我也覺得跟哥哥姐姐一起很好玩，所以相處得很融洽。隔壁執信中學的姐姐有時也過來帶我們去玩，每逢星期六日我都不想回家想留在宿舍住。但媽媽當然想我回家相聚。 每次媽媽買臘腸給我加餸， 通常都被大姐大哥拿去吃了。

當年因為爸爸在省政府擔任要職，常常都有公安來查我們。因為我們住的祖屋的地契不見了，我們被迫搬遷到西關住。

在西關的中山六路高弟坊，有一間玻璃工房，放學後我常看他們如何做玻璃，很有趣。

那時跟很多戶人家一齊住，認識了很多鄰居朋友，有大有小，有些跟我差不多年紀，他們有些在師範學院讀書，都是知識份子。其中有一位我們都稱他八舅父，在報館工作，每逢過年回家的時候，常來跟我們玩撲克牌。我們在天台談天說地，由年三十晚玩至深夜，很開心的就過了一個新年。

一個新年。

平時放學後，我們吃完飯常常一齊上天台放紙鷂和乘涼，一齊談天説地。我就是這樣開開心心的過了幾年的歲月，幾乎忘記了一個人生活的痛苦。

當年跟我們一起長大的朋友大部份都移居香港及美加，我們現在仍然保持聯繫，尤其是當時年紀差不多的朋友，有些在加拿大的返香港的時候都來探我們。

當我十二歲時，由於我已考入廣州市二十四中學，所以媽媽很放心，將我及兩個妹妹留在廣州，由太婆照顧，她獨自申請經澳門來香港。

第二年太婆申請自己及兩個妹妹赴香港，將我押到最後。

當年我約十三歲，開始獨自一個人在廣州住，但我不覺得孤單。

我養了一隻小猫，我跟小猫做了親密的朋友。當時西關的大門有一個木趟櫳，我住在二樓，當趟櫳一開的時候，小猫聽到開趟櫳的聲音及聞到我的味道，立刻從二樓一滾一滾的碌下來搖搖擺擺的迎接我回房間，晚上又陪我一起吃晚飯。 早上七時準點便跳上我的床叫醒我返學， 一齊共進早餐，我就這樣跟它一齊共渡歡樂的時光。

晚上 我通常在學校飯堂吃完晚飯才回家。有時走的時候太晚，學校的飯堂關了，我就回家自己煮飯。煮臘腸飯最方便了，五條柴燒光後放臘腸進飯焗，然後去沖涼，沖完就可以吃。那個年代很難買到糧食，但我也總算可以吃得豐富溫飽。

在小時候媽媽常帶我買玩具，我很多時候都會選一些色筆、水彩畫本等的美術用具，自己塗塗畫畫。

平日放學後，我常會去我的美術老師那裏幫忙。他是畫油畫的，當時需要畫很多大型宣傳油畫。他覺得我有繪畫天份，就叫我去幫忙和學習。從那時起，我就開始瞭解了一些繪畫的基本技巧。那位老師亦推薦一些繪畫書籍給我看：徐悲鴻畫的馬、齊白石畫的蝦等等，教我繪畫的結構。從那以後後，我開始愛上繪畫這個藝術。

後來有一年，爸爸回廣州時，帶我們去看廣州交易會。我看到多位俄羅斯名畫家的畫作，嘆為觀止——我從未見過這般美麗的畫！從那時起，我就開始對畫感興趣。

在廣州的學校時，學校委派高年級同學負責輔導低年級的同學。有一位高年級的同學很喜歡畫徐悲鴻的馬，我們都稱呼他「馬仔」。他極力推崇徐悲鴻的馬及徐悲鴻的畫。我覺得徐悲鴻的馬造型很美，動感十足。另外我的國畫老師又讓我多看看齊白石畫的「蝦」。我覺得他的蝦畫得很漂亮，很有新意。看到這兩位名師的畫後，從此更加加深了我對中國畫的興趣。

到香港與父母團聚

到了我中二學期末的時候，突然間來了一位謝校長，有一天，他叫我去他的寫字樓，原來我發現謝校長是我的一位姑丈，他跟我說：「月柳，你是否在廣州獨自一人？如果你想到香港見你的爸爸媽媽，我現在可以幫你申請。」我當時不是特別想要來香港，因為我不覺得在國內很淒涼，年少不覺得什麼叫淒涼。原來這位謝校長以前是在公安局做局長的，下放到學校做校長。這是一個很好的機會，由他推薦下，我被批了單程證來香港，跟父母團聚。

當年因為我持單程證來香港，很順利的從家中出發，什麼也沒有帶。媽媽吩咐我不用帶什麼，只要人平安來就可以了，於是我什麼都沒有帶，只是帶了一個小陽江皮篋就來了香港。那皮篋是爸爸出巡到陽江的時候有人送給他的，裏面寫著「伍參議留念」。陽江皮篋原來在陽江是一個很有名的品牌。

當年未有直通車，我由廣州到深圳，當天我見到香港的軍隊的衣著比起國內的軍隊齊整很多，威風凜凜，見到他們我有一點害怕，後來再轉車到尖沙咀站落車，由我太婆接我返家。

返到家後一進門，我三妹月娟攬住我，對我說：「家姐！家姐！快過來看」我問她：「看甚麼？」她說：「這裏很好，有拉水的廁所！」那時我真有點想哭出來！那時我們在中山六路住的時候，屋是有排水系統，但是在西關大屋住的時候是沒有的。夜晚有夜來香來倒糞，所以他以為我不懂，第一件事很高興的告訴我，自己才覺得那時很淒涼。

爸爸媽媽見到我當然很高興，特別為我準備一個房間給我住，每人都對我很好。

每逢星期日，爸爸都謝絕一切約會，帶我們去香港各處旅行，這樣過了幾個月我才開始回學校繼續唸書。

來港後爸爸先帶我到西餐廳，學習西餐的禮儀，如何用刀叉，由帶我到皇后大道中萬宜大廈搭自動電梯（當年廣州沒有，香港也是只有這一部）。很多人說我頭小，爸爸便帶我到先施公司看櫥窗，他說那些櫥窗的公仔的頭也是很小。

當年來到香港之後，有半年是無所事事的，因為要適應香港的生活，當時還是梳著兩條辮子。有一次我的櫃桶壞了，媽媽叫我拿櫃桶去修理，店員開了個價，我跟她討價還價，叫她收便宜一點。那個女人跟我說：「便宜幾多都不關你的事，都是你的主人付錢的，不用便宜給你。」原來她當我是工人！回來後我便想：「難道我真的很像工人嗎？」其實媽媽常常叫我去電髮，之前我一直都不願意，但經過這次之後，我想我應該要去電髮。

於是我跟媽媽去電髮，當時電髮是用鉗將頭髮鉗上，然後通電，過一陣子頭髮變捲曲了，便將鉗放下來。在電髮的時候，我感覺到頭頂有點痛，那時年紀小怕事，又不敢出聲，我以為電髮一定是要有點痛，原來是給理髮師電損了頭皮，回家後都痛了一段時間，但電了頭髮後看上去就洋氣多了。

每星期爸爸都帶我們去周圍不同的地方：海心廟、淺水灣、黃大仙等等。公司有一部私家車，爸爸就借了公司的私家車，帶我們周圍去玩，那時候很開心。

接著要去考學校，爸爸說一定要讀好書，在社會做事才有出息，於是媽媽帶我去考中學。我們在廣州是學俄文，不識英文，於是在易通書院報讀英文，再去考中學。

最高的學府當然不會收我這類學生，於是我去投考新法書院，書院說我的中文及數學不錯，只是英文需要補習，於是他們收了我讀高中一。我白天在新法書院讀書，夜晚到易通補習英文。

那時真是很辛苦，早上九時返學至下午五時放學，接著要搭巴士回家，回家吃少少東西，便到易通上課，上到八點幾回家，回到家九點幾才做當天的功課。但當時年青，不懂辛苦就敖過去了。

在新法書院的老師都對我很好，因為我的成績算不錯，很多同學都喜歡來我家，大家一齊研究功課。

中學畢業的時候，學校會開畢業派對，我很高興的告訴爸爸學校開派對。爸爸問我：「你懂得跳舞嗎？」我說：「我不懂呀，但我可以跟同學學跳。」

我有一位同學叫湯文清，爸爸是會計師，她媽媽很喜歡我到她家跟她一起玩。這位同學常常播 Elvis Presley 的歌給我們聽，教我們最流行的東西。當時我通過這位同學，接觸到西方的音樂及各種見解。她也很喜

歡跳舞，於是她教我跳三四步及牛仔舞。

畢業時，我告訴爸爸我也喜歡跳牛仔舞，但爸爸說，這些舞不是可以出大場面的交際舞，應該要跳好三四步 Waltz 才可以出大場面。於是爸爸特別邀請他上海暨南大學的同學張亨利教我跳舞（當時上海是個大都會，很前衛，爸爸的同學們跳舞都很了得，開派對的時候個個交際舞跳得很漂亮），我跟張亨利＜香港很有名的舞蹈教師＞學跳交際舞一段時間，爸爸才准我去參加畢業派對。

當年我讀 A 班，只有兩位女學生，其他全部都是男同學，因為我是讀理科（數理化），另一班是讀文科的。

文科那邊可以讀家政，我也想去讀家政，於是我又去了文科那邊報了家政班。其中家政班的一堂教我們做蛋撻。我焗了一打蛋撻，立刻將熱辣辣的蛋撻，拿去爸爸的公司，請爸爸吃。爸爸高興得眼淚也流了出來，告訴公司的人：「這些蛋撻是我女兒做的，好靚好好食！」爸爸當時很高興，覺得很有面子。

家政除了有烹飪之外，還有縫紉。我也很喜歡縫紉。我家有一部衣車，媽媽很喜歡車衣服。有一位同學的媽媽，除了縫衣服之外還懂得裁剪。於是我們相約一起到九龍城買布，然後到她的家，她媽媽教我們裁剪。我什麼衫也懂得做，連長衫大褸也可以自己做出來。妹妹知道我懂做衣服，常常叫我裁剪衣服給她的公仔穿，我甚至車了一件游泳衣給她的公仔穿。當年我很喜歡做這些手工，除了讀書之外，做手工算是我的娛樂。

爸爸在貿易公司做，認識很多名人，他們都對爸爸很好。每年香港船王生日的時候都請爸爸去他的生日派對。當年很流行的髮型叫「爆炸頭」。有一天，爸爸準備帶我去 party，所以我自己立即去理髮店做了這個「爆炸頭」，爸爸爸六點多回來，見到我這個髮型嚇了一跳，然後很生氣地對我說「你梳了這個怪頭，你不用去了，我自己去就可以了！」我當然很傷心，但也沒辦法。

伍月柳與新法中學的同學合影

逸萍　伍月柳　黃先碧師

一九六二年四月

於新法家政室

1 伍月柳新法書院畢業，由港督夫
人頒發證書

2 一九六二年，伍月柳於新法書院

我在護士學校的經歷

1966 年，我從中學正式畢業了。 畢業的時候，要到中環大會堂攞畢業證書， 剛巧遇上宵禁 ，我立即趕往天星碼頭搭渡海小輪， 然後從尖沙咀碼頭走回土瓜灣家， 頗為辛苦。

當年新法書院教化學的劉老師到我家邀請我到新法書院教書，但爸爸聽見後很生氣跟他說：「不窮不教學，我的女兒是不會做教師的！」當年他曾是廣州市一中的校務主任，可能當年教師不被人尊重，所以他反對我做老師。那麼我畢業後怎樣選擇前路呢？

當年我的姨丈孫秉樞博士是在東華三院當主席，爸爸說「不如你去廣華醫院學當護士。」於是我便跟隨爸爸的意願去廣華醫院學護士，一學便學了四年。

在當護士的過程中，有很多有趣和辛酸的故事。

當年護士是很講級別的，有姐姐班。當年我住六樓，七樓是醫生住的，姐姐班住二、三樓 ，因為上落方便。電梯只得兩部，但整座宿舍有很多人，所以當我們在電梯內見到姐姐班護士，會立刻走出來，讓位給她們。

我們都很講究規矩，在病房內不同人分工負責做不同的事情，當見到高級的姐姐班護士走過，我們坐下工作時，會立刻起身讓座給她們，現在可能已經沒有這個規矩。

我們每年都要考試，初入的頭三個月要考一次初級試，合格的算是正式合資格入護士學校， 好像會考一樣，而且名字會被登上報紙。爸爸見到我的名字在報紙上出現很開心，將報紙放在床頭常常拿出來看，因他

很想我當護士。

　　我如此一讀便讀了四年護士學校：三年專科一年預科，然後當了一年護士便結婚了。

　　在學校讀了三個月後便要出病房　，我第一次穿起護士服、戴起護士帽時很興奮！

　　早更六點開始，要早一點去接前一更的護士，　聽她們講一次病房內病人的情況，　然後才開始工作，至食飯時間一小時食飯，然後再回去工作至兩點才收工。

　　我第一次當早更的時候便要幫病人派飯派藥等，當時見到有一位十四五歲左右的男孩子，我去照顧他的時候，他突然嘔血，我全身都沾滿他的血迹。當時很尷尬，我趁午餐時候回宿舍沖凉換衣服，回到病房時那位男孩子已經去世了。　第一次入病房，就碰到這樣的事情，實在令我很震驚和不安。幸好當時姐姐班的護士來安慰我，　教導我怎樣處理善後的工作，　慢慢才學會怎樣面對這一些事情。

　　在學習當護士的過程，實在有很多經歷，給我上了人生寶貴的一課。

　　完成一年課程後要考中期試，考完試後前一晚，　姐姐班的護士會煲粥晚上一齊吃，我也有幸品嘗過她們煲的粥哩！

　　記得我第一次入手術室時是當夜班，當時還未教我們入手術室要注意的各種知識，已經要我們入手術室邊學邊做。當晚八點鐘時 sister 催促我們快些洗手入手術室，我都不知要做什麼。原來當天晚上手術室爆滿，

所有手術室都在運作，所以連沒有入手術室經驗的護士也要入手術室幫手。入到手術室後，要站在手術枱前幫醫生遞工具，我其實一竅不通。這工作通常是要較有經驗的姐姐班護士去做，但因當晚不夠人手，所以我也要去做。那位是頗有名的醫生，他站在手術枱病人前，清潔好後準備開始手術，吩咐我拿某種刀。但我一點都不懂那些名字，便隨便拿一把刀給他，結果拿錯了，他很氣憤的把刀丟在桌上，然後再叫拿另一工具，我又拿錯了。他很氣憤大聲叫：「換人！」那位跟著醫生較高級的護士對他說：「沒有了！今晚全院爆滿，你不要這位護士就沒有其他的了。」醫生唯有繼續手術。那位護士姐姐亦在手術時從中幫我一把，後來自己熟讀所有工具名稱，總算順利過了這個難關。

除了在手術室內，病房內亦要求很嚴格，當時我們幫病人打針前一定要先洗手。有一次我洗好手後，拿出托盤準備幫病人打針，突然有風把我的護士裙吹起，我立刻用手按著裙，然後再拿回托盤，準備幫病人打針。剛剛有護士長經過，見到這情況，立刻指責我說，打針前手不能碰到自己的衣服，要我立刻洗手，因會碰到病菌。可見當年的訓練要求是很嚴格的。

在升高班的前一晚，我想著過了今天，便不需要再做「打包」的工作 (處理剛死去的病人)，怎知當晚突然有幾個病人離世。當「打包」其中一位的時候，當我想返轉病人的時候，他的手突然打在我身上，把我嚇了一跳，原來是他的手滑下來。

過了三年專業護士的訓練之後，我便去了產科，我很高興，可以見到BB出世，但也很忙碌，一天晚上，我可以接四、五個BB出世。BB出世後戴好手圈，我將它放在媽媽的懷抱裏，又要趕著去接另一個BB出世。雖然忙，但看到BB出世很喜悅。

　　當年醫生不夠，所以在外地包括東南亞招募了一批醫生回來，水平很參差。有一次，有一個BB是异常胎位，屁股先出來，要叫醫生來處理。那位醫生不太懂得處理，傷口地方全部用鉗鉗住，流很多血，BB也出不到來。我見這樣危急的情況，自己在產房有經驗，便自告奮勇，跟醫生説讓我來試試。最後BB順利出來，醫生也很感激我。

　　幾年在醫院訓練的日子跟其他護士同學一齊都很開心，有時夜晚放工後一起在宿舍煮飯吃，有時一齊出去唱歌一齊出去玩，我亦很喜歡參加戶外活動。有一次當夜更之後第二天早上跟大夥兒一起去游泳，游完泳後返宿舍休息一下便返工。我拿著一大把探熱針，準備幫在玻璃房內的BB探熱，可能太累的緣故，竟然整個人撞到玻璃房的玻璃，所有的探熱針都打爛了，我當然要捱罵。幸好有一位高級護士幫我，在別的地方借到探熱針來，總算解決了問題。

　　當年在護士學校時曾經遇上宵禁，見到街上警察把人制服在地上，用槍指著他們的頭，呼喝他們：「不准動！」都很嚇人的。曾經有一次晚上放工後，我們護士和醫生一起去燒烤。正在燒烤的時候，突然要宵禁，所有交通工具立即停駛。我們走不了，突然想起打電話去警局，説

我們要回醫院工作，但沒有交通工具回去，於是便立即有警車來護送我們回醫院，想起也覺得驚險。

　　我亦曾經有一次被派往內科病房工作，遇上一位七十幾歲的老伯。他曾經是一位將軍，我要負責餵他吃飯，他吃完飯後含著泪的感激我，說沒有人對他那麼好的。

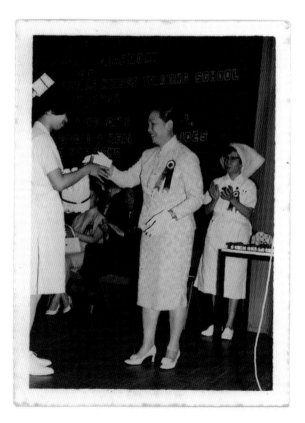

伍月柳護士學校畢業，獲頒證書

OF
TUNG WAH GROUP OF HOSPITALS NURSES TRAINING SCHOOL
(1963-1968)
BY
DR. THE HON. P.H. TENG, C.M.G., O.B.E., J.P.,
DIRECTOR OF MEDICAL & HEALTH SERVICES

1	3
2	4

1 伍月柳護士學校畢業合影
2 伍月柳護士畢業母親來觀禮
3 伍月柳於廣華醫院手術室
4 伍月柳與護士同學合影

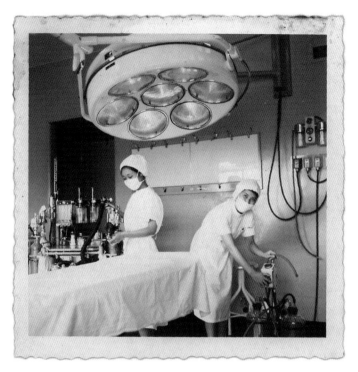

伍月柳青春芳華

伍月柳青春芳華

丈夫趙榮裕醫生

在醫院的生活，醫生護士都相處融洽 ，大家會一齊聊天有講有笑，放工後會一齊吃飯、一齊去旅行。趙榮裕醫生一九六六年畢業於愛爾蘭都柏林大學，曾先後於愛爾蘭及美國底特律市當過醫生，回港後適逢廣華醫院招聘醫生，便進了廣華醫院當醫生。

當我在產房工作的時候，同期間趙榮裕醫生剛回港，到廣華醫院找工作。當時醫院醫生不夠，醫院的主管便立即聘請了趙醫生， 叫他幾天內立即上班，亦在婦產科工作。我完成護士課程後要選科，當時護士供過於求，畢業之後亦未必可以有工作做， 更何況是要求派指定部門，但我大膽的要求派往婦產科，因為見到 BB 出世很開心。亦在那時跟趙醫生在同一部門工作，認識了趙醫生 ，一起兩年多便跟他結婚了。

他的為人很樸實，有時我九點多放工的時候，他都過來接我去逛街、吃宵夜。有一次他開車送我回宿舍，我以為他送完我回宿舍後便完了事，所以上樓後便沒有再下來。他想著要等我下來一起去逛街，結果在車上等了一個多鐘。 後來他碰見同事問她， 我在上邊幹什麼？那麼久還未有下來，後來同事告訴我，我才知道他在下邊等。

婚後不久，他就在旺角區開設私家診所，濟世為懷。香港在 1967 年暴動，這個動蕩的時代是他人生最燦爛時光的開始。那時候大部份的西醫因為暴動的原因遷離香港。但是他堅守信念沒有離開，繼續留港服務市民。那時他每一天要診症的人數超過 150 人，在他的診所門外大排長龍。

當了幾年醫生之後，不久香港政府就邀請他作為委任制旺角區區議

員、少年警訊會長和撲滅罪行委員會主席，亦曾檢閱香港輔警。當年港督衛奕信巡視旺角區時給予他在區內的工作肯定和讚揚。港督衛奕信親自接見他。我亦很榮幸被港督衛奕信收藏了我的一幅畫作。

他深知我對中國國畫的濃厚興趣，就專門在家裏設立了一個畫室。還在每夜上靜悄悄的從畫室外偷看，等著我畫完，不打擾我，直至我完成每天的練習。

跟趙醫生結婚之後，我生了三個小孩，大兒子趙偉仁、二女趙美寶、三子趙偉智。

大兒子在中文大學醫科畢業後，一直任職於中文大學，現任中文大學醫學院院長。 他是第一位引進胃表皮組織切除微創手術的先驅者，先後教了很多學生用這個技術。他更引領科技研究，使用微型機械人去做手術。他的太太（蔡梅心）為小兒科高級專科醫生，當了若干年全職醫生之後便半職當醫生、半職相夫教子。 他們有三個孩子：趙永豪及趙慧鈴都是在中文大學唸醫科，趙咏琳在香港大學讀法律系及經濟。

二女趙美寶於溫哥華西門菲沙大學（Simon Fraser University) 唸書，曾於港龍航空公司當空姐，後來要照顧家庭就辭職當全職家庭主婦。當年在溫哥華唸大學的時候認識先生陳匡，回港後結婚，誕有一子名陳正行，現是動物傳心師。

三子趙偉智畢業於美國佩斯大學，曾任職於東亞銀行，後來轉往瑞信銀行，現任法國巴黎銀行的董事總經理，旗下管理六七十人的團隊。

太太是方露婷，澳洲墨爾本大學碩士，現在幫手打理自己的家族生意及教導兩名子女：趙靄儀、趙崇謙。

　　一家人逢星期日都會聚首一堂回到我家吃飯 ，大家有傾有講，非常融洽團結。

1969 年伍月柳與趙榮裕醫生步入教堂

1	3
2	

1 趙榮裕任旺角區議員時，受到港督衛奕信的接見，並給予工作上的肯定
2 趙榮裕任旺角自由議員時，檢閱香港輔警
3 伍月柳一家於 1973 年

2	1 全家福
1	2 三個子女攝於 1977
3	3 伍月柳母親六十大壽時的全家福

全家福

正式拜師學畫

拜師趙少昂老師

我從小到大都喜歡畫畫。中學時遇到一位教水墨畫的老師，讓我愛上水墨畫。但讀護士學校時，我就停了畫畫，專心學做護士。

有一次家中裝修，我的大兒子偉仁很喜歡車，於是我叫裝修師傅做一個車型的床給兒子，讓他睡覺時像在駕車。但是裝修師傅怎樣也畫不出我想要的形狀，於是我叫裝修師傅拿油漆工具來，我起稿畫了想要的車形給他看。我畫完後，我先生看了覺得很吃驚——我竟然可以畫得出這樣的水準。從那時開始，他就覺得我有畫畫的天份。

後來有機會跟趙老師習畫，也是因為我先生。

當時他有一位朋友，是位大收藏家，收藏了很多古董字畫。有一次他邀請我們到他家欣賞他的收藏，他收藏了很多趙少昂老師的畫。我看了覺得很震撼，驚為天人！於是回家後便跟我先生說：「趙老師姓趙，你也是姓趙，你一定要到趙氏宗親會找這位趙老師，讓我跟他學畫畫。」我先生真的到趙氏宗親會，找到宗長，請他去找趙老師，並約定帶我去趙老師的家拜訪他。

進門後，他的工人邀請我們入內坐下，等了十分鐘左右，見到趙老師行出來。他是位慈詳謙虛的老人，很有禮貌的叫我們坐下。我帶了一些中學的畫作給他看。他看了後點點頭，說：「很好！」然後搖搖頭說：「你

跟我學太遲了！」我很驚慌，以為他不願意收我為徒。接著他說：「不過，你儘量去學，我現在已經六十多近七十歲，我儘量教你吧！」我非常高興趙老師能收我為徒，就此走上藝術的道路。

趙老師逢星期二晚、星期四、星期六日早上教畫。星期四早上，較為少人，於是我每逢星期四早上跟他學畫，就這樣我正式跟趙老師習畫。

當時星期四學畫時，我認識了契家姐余妙枝——她也是老師的高足。我跟老師學了一年多的時候，余妙枝跟我說，趙老師很想收到我們兩位做契女，問我意見如何，我說那麼好的機會，我當然欣然接納。

當年我和余妙枝上契的時候，正式擺了幾圍酒，邀請了很多人，包括文聯莊的老闆、趙老師的朋友等。趙師母亦準備了筷子、碗等送給我們，我和余妙枝都準備了禮物：男女手錶給趙老師及師母，另有其他禮物送給趙老師及他的子女、兒孫，隆而重之，依正式上契的儀式去做。做了他的契女之後，趙老師逢星期二早上特別開了一個契女班，指教我們兩位，沒有其他的學生。

跟趙老師學畫一段時間，認識的同學漸多，有時其他同學都邀請我去他們的班，所以逢星期二早上、星期四早上、星期日早上，我都到趙老師家，一星期去三次。所以當時間的同學大部份我都認識，只有早期的師兄較為不認識。早期的師兄，都很尊敬趙老師，每逢回港都會到他的家去拜候他，所以後來我也認識了他們。他們都很尊師重道，每次拜候趙老師，都買很多食物帶給趙老師吃，甚至乎寫支票給他買東西吃。

偉仁十四歲那年，他要求我教他學畫，但我說學畫一定跟趙老師，所以逢星期日我會帶我的兒子偉仁，到趙老師家一齊學畫，學完畫後會帶趙老師一齊去飲茶吃飯，吃完飯後若有雅興會再一起討論畫畫。

由於趙老師住在太子道，星期日畫班完後，同學們會一起勾肩搭背，

1　恩師趙少昂教授
2　伍月柳與趙少昂教授

| | 1 | | 3 | 4 |
| | 2 | | | |

1　趙少昂評價伍月柳
2　趙少昂親筆示範繪畫
3　伍月柳與趙少昂教授
4　趙少昂評伍月柳

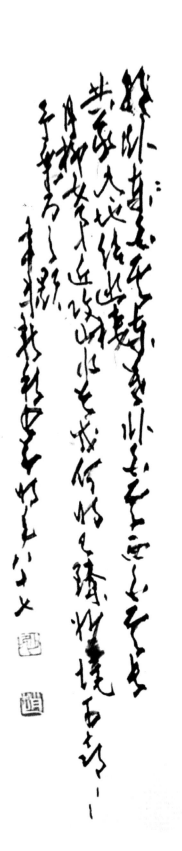

朝臥白雲東，暮臥白雲西，白雲長共我，此地結幽樓。

月柳女弟，近攻山水，曾幾何時，已臻妙景，可喜可喜。予樂為之題，辛未新秋少昂時年八十七。

趙少昂題

White clouds are floating by the east at dawn, and then by the west at dusk accompanying me in an effort to build a fine retreat.

Lately, Ng Yuet-Lau has concentrated in painting landscapes with excellence. Congratulations on her achievement.

Words by Chao Shao an aged 87
in the lunar year of sun wei

帶趙老師走到附近的「食為先」餐館吃午飯。老師喜愛叫一條東星班，然後炸起做酸甜魚，這是他最愛的菜式。餐館老闆跟他很相熟，常常弄一些精巧的菜式給他吃。

記得有一次，我與同學陪伴老師用餐，正值四月份紅棉花開，落花跌得滿地都是，有一位同學走上老師前跟他說「紅棉花鋪滿地上真美！」老師點頭說是，然後小聲對我說：「人說美，她說美，我看的美和她看的美又怎能相比呢？」

趙老師為人和善，對學生如對子女一樣，從來都不會大聲指責學生。他上堂時都很認真地教我們技法，他一心想要教我們傳承嶺南派。其實他如果用教我們的時間，畫多一些畫，會賺更多錢。

我跟趙老師不只學畫畫，也是跟他學做人：待人接物，謙恭有禮，不跟人計較，對學生如對子女一樣，從不大聲喝罵，除非犯錯很大。

有一天，趙老師指著一個花瓶問我：這個花瓶美嗎？我回答，當然美。但老師回答，最美的花瓶是打破後，滿地一片片才是最美。我想了很久，才悟到老師的意思：打破後的花瓶有聚散，又有不同的形狀，很合畫意。

拜師黃君碧老師

一九七八年左右，黃君碧老師每年來香港以探親形式住三四個月，然後回台灣。

當時契家姐余妙枝跟我說，黃老師來港教畫，問我去不去跟他一起學。我覺得是一個很好的機會，於是問趙老師能不能跟他學習。趙老師說：「好，跟他學山水好！」於是我去黃老師處跟他學畫山水。我跟隨黃老師學習了四年。

1 ┌───┐
  │ 1 │
  └───┘

  ┌───┐
  │ 2 │
  └───┘

1 伍月柳與黃君璧

2 左起：徐百揚夫婦、趙少昂夫人、趙少昂、
　吳作人、蕭淑芳、余妙枝、伍月柳、駱拓。

他會每年來港兩次，每次上堂大概七、八位同學，每次都會畫畫稿給我們，然後我們帶回去臨摹。他常常要我們練古人的山水筆法，他覺得古人山水的筆法很好，叫我們盡量學習。

黃老師為人極好，把所有的繪畫方法都傳授給我們。上課時，他寫出古人的皴法，然後要我們講出屬於哪一種皴法。他寫的瀑布水流都很有獨特之處，他說，寫瀑布要輕輕用手震動然後再加筆；寫雲的時候，有如小鳥拉小手一樣。兩種寫法能給我們很大的啓發。

每次上完堂都一定同黃老師一起出去食飯，黃老師健步如飛，他行一步，我要行一步半才趕得上。吃飯時他會點菜，但規定我們一定要吃完，不要浪費，吃剩的菜怎麼辦呢？他愛玩轉輪盤，那碟菜轉到哪位，那位同學就要吃完它。

五十年藝術回顧

第一個十年

1970 年代至 1980 年代，我只是臨摹畫作，還未掌握真正的寫畫奧秘。

在趙少昂恩師，黃君璧恩師用心指導下，黃老師的功力加上趙老師的渲染顏色結構，開始融入繪畫世界中，得到無限的樂趣。期間也隨黃簡老師學習畫法。

我最開始與一班同學到國內各地寫生，感受氣勢磅礡的山川和自然之美，自由發揮，自我投入丘壑，以心境去溯源，於主觀表達意識，詮釋心中的山川河流。

第二個十年

我開始擺脫臨摹的束縛，大膽吸收新元素，如用版畫的風格寫《月下芭蕉份外紅》，用紅色突出蕉花，用潑墨大寫意的法道寫出水與花。我同時吸收現代繪畫理論，試著寫出月柳山水的意境。

第三個十年

我陶醉於自我世界，開始審視心中藏著的夢想，希望，歡笑以及眼淚，開始真正瞭解了繪畫其實是嘔心瀝血。

第四個十年

秉承老師的願望，我把自己的繪畫技法、創作感想，傳授給年輕人以及繪畫愛好者。

我悟出心得，繪畫不只是靠雙手，而是用內心驅使頭腦。手只是工具，畫著利用紙筆墨進入繪畫的空間，經過水墨交融，呈現不同的層次，朦朧氤氳或排山倒海的境界。我喜歡憑直覺進行創作，不蹈不襲，不模不仿，以破筆成體，渲染為神，用色華麗而不俗，物我相融，創出新意。我樂在其中！

第五個十年

我在筆法和創作上開始得心應手。在運用技巧上，我用不同元素、不同顏料、墨水顏色，加上各種方法、技法，創作出新的變化。同時繼承嶺南畫派一向以來的傳統方法，兩者有機結合，創作出獨特的意境。

豐收　荔枝

先取一個寫生竹籃，而後用寫字的筆力寫出籃的上方提手，然後加滿荔枝，其中有一些掉在地上，有聚散的感覺，使構圖更加有動感。

飛流滿人間

水與墨交融，潑墨與潑
彩結合，運用點、綫、
面的關係，寫出疏密的
韵律和節奏，渲染出山
形和山林，整體層次分
明，錯落有致。

雲湧青山

開始對寫雲霧有心得，用寫實的山景，然後每層寫雲海和後山，使景象的深度加深，有前後的感覺。

游魚自得

先用潑墨加少少紅色在宣紙上，然後加水，待融化後，創造出海底的效果。是我的孫子永豪提出加入海底奇兵中的魚。

青山頌

入選全國第十屆美
展。

先用深墨突出前山，
然後用淺墨寫出後
山。注意深淺墨色以
及構圖留空位寫雲，
使畫面有動感。

向日葵

先用輕薄的筆觸
畫出花瓣，再用
潑墨畫出葉子。
顏色豔麗顯出蓬
勃的生機。

萬壑千岩鎮翠煙

寫意的筆觸畫出遠處和近處的岩石，再加上青綠色渲染，讓畫面更有深遠的層次和意境。

月影蕉花份外紅

月光照在芭蕉葉上，
葉子反光成為白色，
與黑夜形成強烈的對
比，呈現與白天完全
不同的畫面，異常美
麗。

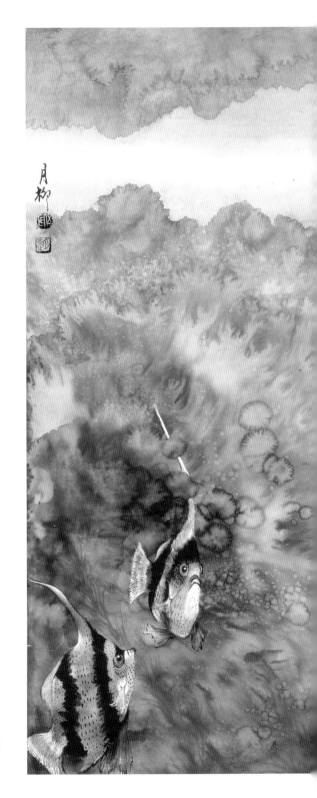

邂 逅

在宣紙上加上墨色，後把清水點上，
使水面有氣泡的感覺，再加上顏色，
寫魚時注意游泳的動態，使觀者看 來
彷彿迎面游來。水面上加上水草，讓
海水更與層次感。

山高水長

先用潑墨寫出前山，然後
用筆寫出後山，達到溪山
不盡知多少，遙峰秀疊寒
波渺的意境。

蒜

一

看到一張新疆寄來的大蒜像片，我覺得很特別，非常入畫。先用寫生的形態畫出大蒜來，然後在後景加鹽，突出畫面的層次變化。

茂林

在不丹旅行時，看到當地人作畫喜歡點點，我也嘗試用此法，用墨點代表陽處，突出樹木的立體感。

暮　春

先寫出山的構
圖，然後潑上
岩彩，加水以
後，全張上色，
使畫面有春天
的感覺。

牡　丹

我在千島湖的山中，看見單瓣牡丹，花瓣很輕薄，非常入畫。用獨特的構圖和筆觸
寫出牡丹。

青 山

先潑墨色，用石青、石綠加白粉，潑在墨色上，加水。讓顏色看起來有流沙的感覺。

雙聯水墨山景

入選全國第十二屆美展。運用水墨描繪山嶺雲海，以及岩石紋理，添加草木，再現大自然的神韵。遠近的構圖布局，突破平面結構，創造三維的視覺效果，體現無窮變幻的生命力。

顧 影

我看到在飛鳥見到水中有魚的一刻，正想捉魚時，水面出現了倒影，很有詩情畫意。

飛鳥優美的姿勢，對稱的構圖，很和諧。

駱　駝

———

在絲綢之路上看見有很多
駱駝，很有畫意，加上沙
漠的山行變化很大，層次
分明，所以立刻寫景，以
作紀念。

印象吳哥窟

我在吳哥窟看見
很多佛像，而且
很有特色，僧人
與佛像的對視很
有禪意，所以把
當時的情境寫出
來。

都市大廈

一般畫家寫城市
很多是把樓排列
在一起,很死板。
我有一天發現,
可以從大樓的頂
看下去,感到有
些光線從不同的
方向射進來,從
這個角度畫高
樓,別具一格。

岁月留痕 庚寅 请明後廿伍日 御書於院閣閣 廿下

開平碉樓

古鎮開平的碉樓入選世界文化遺產。

我從一個破爛的碉樓穿過,看見一座完整的碉樓,兩座樓放在一起對比看,構圖也很有歷史感,很有滄桑的感覺。

春雲浩蕩

在張家界寫生
時，看到天門洞，
不禁感嘆天然造
物的神奇，於是
我就根據它天然
的造型，寫出我
頭腦中的印象。

展 翅

用比較寫實的方法，把
鷹的翅毛一層一層加
上，可以看出毛層生長
的紋路。下面的海浪，
畫出海浪形成的浪濤，
形態有力，浪接一浪。

母子情

趙老師曾對我說：你不要畫虎了，因為女人畫虎沒有那種威武的氣勢，後來我想，
老虎也有對孩子的愛心，所以，我寫母虎望著孩子的那一刻。

藏民情懷

我在內蒙旅遊時，見到
藏民喜歡掛很多顏色的
小旗，蒙古包外掛不同
顏色的布，他們的衣服
也很有特色。蒙古的雪
山也很美，終年積雪，
像披上白色的雪衣。白
色與彩色的對比之下，
有一種神聖的美。

小 鴞

用寫實的手法描繪
鳥的型態，背景用
寫意的筆法畫出古
樹、雲、月，營造
出靜謐的黑夜意境。

87

倒影

在靜謐的湖上，看到樹林的倒影，加上後山的泉水流入湖中，增加畫面的動感。

荷　花

我用月柳皴寫荷葉，在深色的地方再加皴，而在見光的地方留白，令畫面有立體感。
在頂部用墨色寫出水面的光影，在下方用粉色突出荷花的美，加上蓮子的形象，令
內容更豐富。

蘆荻藏舟

蘆花屬於禾本科，多生於水岸。深秋時分，白色蘆花臨風搖曳。在蘆花間寫兩隻小船，增加畫面的神秘感和故事性。

天壇大佛護香江

天壇大佛屹立在香港
大嶼山上，面向全港，
有一種護佑香港的感
覺，所以我用航拍的
角度，把香港全景大
部分寫在畫面上，由
中環一直延伸到機場
以外，使觀眾看了，
產生共鳴。

煙山萬千重

用不同大小的畫紙畫出山的不同畫面，連成一張，用切割的方法，表現出各種角度的新景象。

秋來紅葉滿前山

在水墨的山景中加上紅色，突出畫面的顏色，營造出秋意濃的景象。

雲峰苔壁繞溪斜

紫色可以代表冬景，在水墨中加上斜陽，更有冬日特有的氣氛。

濃春煙景

春天一綠色為主，但是畫面太簡單，所以用青藍色寫樹在前，讓畫面更有層次。

豐收

又一次旅遊寫生，見到很多玉米掛在一起，很有意思，我加上一個竹籬和一隻小麻雀，讓畫面更有秋日的豐收質感。

歸來吧

入選 2021 年全球 100 名畫作。

用設計的意念，把山水畫在不同的形狀上，整體看像一隻花瓶，然後加上一些小鳥，
回歸的感覺。

繪畫理論與示範

牡丹的莖是草本如木本

我的師承

趙少昂教授

現代畫家，尚有不少仍沉浸在宋院的文人畫風。趙老師則努力發掘新的技巧，試圖突破傳統，開創新的一面。

趙老師告訴我，嶺南派創始人二高一陳，都留學日本，回國後創立嶺南學派。嶺南派取日本畫之長，加入中國畫幾千年的造化。關於中國畫和日本畫的區別，老師說，中國畫筆墨厚重，日本畫長處是輕巧。趙老師把兩者融合，而寫出自己的風格。看不見古人的影子，又沒有東洋的味道。

趙老師用現在美學的色彩學、透視學以及西洋構圖學之精華，發揮寫生功能，打破前人留下的戒律，超脫古人的思想束縛。作品充滿生命力。將大自然的美妙，表露無疑，所作花卉、禽魚、走獸，富有神韻，出神入化。

他將撞水法發揮得淋漓盡致：先用水調彩，大膽下筆，再小心整理，注意前後背向。構圖也十分重要。趙氏山水能輕描淡寫出山光雲影。日色及流水，描於紙上，出神入化。

趙老師專精花鳥蟲草山川動物，其作品獨具自己的風格。

花鳥方面，趙老師十分注意花的構造。

走獸上，趙老師善於表現動物活生生的神韻。骨胳構造，也是其中重要的一環。

他說，在寫禽鳥時，一定要有展翅鳴聲，有動和靜的神態。寥寥數筆，就有鳥鳴之聲。爪脚骨胳具有獨特的造型之美。

他畫的蟲草賦彩落墨，生動精確。趙老師常教我們如要繪畫小鳥、蟲

魚，我們必須身體變為其動物，這樣才能寫出動物的形態。

　　花卉繪畫方面，趙老師有時喜歡把花卉放在一角，以小見大，常用對角綫，直綫破邊，橫直交加，把畫面拉寬闊。他非常注意減筆、變形，以貌取神。

　　每次上課，老師都不吝於揮毫細心教我們用筆墨。趙老師教我們渲染的技巧：用水、色、墨，混合然在紙上，增加畫面的氣氛。更發展撞水和撞粉的功能。不但要忠實於自然的造型，也巧妙地捕捉自然的顏色。

　　老師還教育我們做人不應該計較太多，應大氣而不俗氣。

黃君璧教授

　　白雲堂是黃老師的堂名。他在山水畫上採用多點透視，加上平遠以及深遠，使作品在極佳的空間感。

　　在寫雲海時，再三渲染，突出濃淡變化。在寫山石時，突出陰陽背向，使山石更有立體感。 在著色方面， 用冷暖色交錯（花青為冷色，赭石為暖色）表現出凹凸效果。有時用礦物顏料遮掩部分墨色，增加一種朦朧的空間感。先鈎淡墨在淡墨未乾之前，加濃墨，造出豐富的墨韵。

　　古人說，用筆難、用墨難、用水更難。在用墨上，墨的表現有乾濕、濃淡、黑白。在水墨調和中，出現很多變化，這是中國水墨的深厚韵味。

　　黃老師寫瀑布、水流都有其獨特之處。

　　他寫水流瀑布時，輕輕用手振動，然後再加筆畫。

　　他寫雲時，如小鳥拉小手一樣。

　　兩種寫法，都給我很大的啓發。

　　黃老師寫畫的特色概括為：

　　一、常用多點透視，平中遠的比例、皴染表現濃淡變化；

　　二、色彩使用上， 融合傳統水彩畫以及寫生的觀察，對冷暖色調安

排，都有極深的考慮——先用淡墨起筆，然後再加濃墨，造成豐富的墨韻。注意墨分五色，焦濃淡墨清。

三、其風格接取北宗的剛進，加上南宗的渾厚。常用分劈皴，批麻皴，加乾濕水分並用，相互融合。

四、黃老師寫畫時，多直接由中景落筆，待中景和遠景完成後再畫前景。避免畫好中後景，不得不遷就前景。在完成中景後景，最後加前景遷就中景。

那一段跟黃老師及同學一起學習的時間都很高興，大家一起談畫，跟他學了好幾年後，我就重回趙老師處繼續習畫。在這個機緣裏面，我將黃老師教我的古法山水，及畫雲的方法，再加上趙老師的渲染，以及自身努力地寫生，造就了自己個人獨特風格的山水。

從寫生論花鳥畫以及山水畫如何中西合璧

自明治維新以後，中國畫由保守的環境中解放出來，除了在傳統畫上重新檢討之外，開始鼓勵個性發揮和自由創作，使國畫的風格面貌變得多元化，在內容和形式上與傳統格局相比都有所革新。取其大氣磅礡，淋漓盡致，以西潤中的思想，吸收西畫的用色和景深的技法。

五四運動以及明治維新也帶來了新的意念。

徐悲鴻大力提倡寫實主義，引進西方的技法，以透視以及解剖學為基礎，回歸畫的本質。中西融合，回歸自然，師法造化。

嶺南畫派由高劍父、高其峰、陳樹人為首，自日本留學歸來後，吸收外國的方法，融合到中國畫中，創造出新的流派——折中派：超脱古人思想束縛，提升中國畫題材以及內涵。後改名為嶺南派。

嶺南派的風格，利用綫條輕重，虛實轉折，濃淡，乾濕，加強描繪深度，用水墨色的暈染法，達到光影明暗的追求。

由寫生轉入寫意達極致的表現，寫出氣韵生動的真實感受。

寫生只是自然的再現，寫畫必須經過自己的思考。

創作靈感和神韵的結合，形成寫意的最高境界，寫出物象的氣韵，抒發出作者的感受。

花 鳥

在花鳥題材上，以小觀大，審美上注重時代性、優越性，以及自我精神，來突破和表現個人的神韵。

回歸寫生和形象描寫。在中西藝術融合中，吸收西方技法和色彩，但仍保留傳統繪畫的優點，互補輔助，取得和諧。

1 花鳥畫的寫生與寫實

花鳥畫發展至北宋，在寫生觀念以及技巧上均達到相當高的水平。

唐代以酷似得其真。宋代則要求物象結構準確，求其生動以及意境，以形似之外求其生意。所以宋人對寫生追求外，也講究結構生長物理，注意傳神與生動。

2 寫實精神與國畫

唐宋時代，對花鳥的物種、姿態、結構、綫條和色彩方面已經完美描繪出來。

折枝法，始於唐，然廣泛使用在北宋中期後，與寫生有密切關係。

對於花卉有細緻觀察，而全景也注意花鳥的獨立描寫。

在描繪花鳥本身，淘汰繁瑣景致，求畫面簡潔，局部純化，以最精彩的部分留在畫面上。枝與花的穿插都要思考重心，注意物象安排，動勢、虛實、結構關係，在筆法上多用起、結、破、轉等程式，塑造筆墨綫條色彩的節奏，組合。形道物我兩相融，而又簡潔的形色。

山水畫

唐宋以來，中國山水畫都講究筆法、著色、結構。

1 用筆

以皴、擦、點為主。例如，批麻皴、斧劈皴、米點皴、荷葉皴、卷雲皴、馬牙皴、牛毛皴、折帶皴、月柳皴等，在畫面上有山石的立體感。

運筆時注意：抑、揚、頓、挫、輕、重、緩、急。

2 墨色

以深淺墨色，染出陰陽背向。墨分五色，注意分辨出景物前後，先用淺墨為底，再多層加深墨，明暗對比分明。

3 設色

在畫面上施加色彩：

寒暖色的安排，交錯，表現遠近凹凸的效果，可以一層一層加染。

做出濃淡變化，相互融合，在墨色上加赭石 (朱色) 和花青（藍色）為補色。

可用礦物顏料加在墨色上，增加層次和朦朧感。

可用墨勾出輪廓再抹上濃淡墨，造成豐富的墨韵。

可用大筆點淡墨，再點濃墨，然後把筆按在紙上，便可出現濃淡過度色。

4 紙筆的運用

筆：有羊毫，狼毫，鷄毛，山馬毫等。

中鋒——運筆時筆鋒垂直。

側鋒——半中鋒，筆鋒由 45 度至 30 度左右。

臥筆——筆鋒貼在紙面上呈 90 度。

拖筆——順毛用筆。

鈎筆——用中鋒鈎出山、石、樹的輪廓。

紙：宣紙　皮紙　麻紙、灑金、蟬衣等。

如果紙筆用得好，在畫上表現出淋漓盡致，互相襯托，達到最高境界。

5 佈局

構圖就是六法中的經營位置，非常重要。除作者意想外，也追求取勢，遠近景物擺佈高低，注意主體與客體的關係。

6 氣韻

六法中也講究氣韻生動，這是心靈的節奏與律動。

在抽象派中，更須要注意具象的處置和佈勢。再加上作者的意念設計，不同的物料、紙　、筆以及不同的法度，達到理想的效果。

7 透視法，留白

中國畫與西方畫不同，中國畫講究留白。

先把中心點表現出來，然後留點空間，虛實掩映，輕重分明，使觀者有想像的空間，與作者共鳴。

8 畫的眼

重點突出畫面，如上之高低大小的比例。可由樹木、房屋、人物、動物的大小而決定，就是畫中的眼。

希望能做到「萬類由心，展方寸之能」，在無窮的境界上發揮。

9 題款和鈐印

有些畫不適合題字，題錯會害了畫，影響作品。

但有些畫內題字以補其畫結構的不足，也可以表明作者內心世界及意向。

鈐印也要適合。如果用錯會有反效果。用印大小很講究。

題字用印也要配合。兩者必須配合。

字體大小，視乎需要平衡畫的輕重。不可亂蓋也不可少蓋。

注意印章所採用的字句。

題款內容必須與畫相符：

上款——送給人的名字，說明作品的主題

下款——作者本人，時間，地點

單款——只有下款

雙款——有上下款

短款——只有名字

長題——有留地方題詩，題字

寫畫的要點

一、濃淡厚薄求深遠。

二、樹枝可以增加畫面上的動感，用風吹樹葉的方向表現動向。

三、多留空間，多些抽象，可表現夢幻神化境界。

四、用點綫表現不同的方向及不同的表面。

五、用剛毅之綫點，鈎勒出作者個性。

六、用不同的皴法表現個性、潛能。

七、構圖方面，有虛實感，有遠近前後，有重有輕，小心經營。

寫畫的法度

用自然以及客觀混合表現個性。

一 畫之本

點、面、體、綫。

二 畫之形

形象—— 物我相對。

賦形——象形、造形、象徵式符號、意像。

抽象——浮現。

三 法理

1 法則（本性）

自然-——視覺

理解——理覺

心性——心覺

2 技巧（理法之創造）

筆墨之生命精神上也是我們國畫中的氣。

肌理

色彩

調子

四 關係

在畫面表現十分重要

1 位置

2 空間

五、畫的最高境界

1 造形

2 想像

3 寫出有意之形態。用寫出的實景，而用自己的心態及想像寫出，在似與不似之間。

水墨的運用和表現

1 墨度：墨分五色：焦、濃、重、淡、清。

墨相——顏色濃淡

墨度——顏色深淺

墨彩——墨的鮮明和晦暗

黑、鐵灰、洋灰、灰、淡白、銀灰。

2 水的運用

淡墨中可變化五色。用撞水、撞粉。淡墨沖濃墨，濃墨破淡墨。

點墨的表現：積點成體——立體、實體。

從而寫出雲浮而動，烟雲浩渺，游動於天空，黑山白雲，加積墨於巨構中，融入作者的天賦和性情，心靈的修煉，感情的化身，形成天人合一。

點滴法：

筆沾淡墨，滴在宣紙上，再在其上加深墨。

淋漓法：

注意濃淡，深淺，有層次的渲染。

虛實法：

用濃墨在宣紙上寫畫，再用淡墨加以修飾。

襯拓法：

畫表在墊板上或宣紙上，然後襯拓出來，注意濃淡輕重。

噴灑法：

先用墨在紙上，然後均勻噴灑水，令水墨在宣紙上起變化。

彈水法：

在淡墨以及深墨間，在清晰的畫面上彈水，使之成為相容的墨層。可以用噴瓶，或者用手指。

加礬水法：

在宣紙上，加礬水，再加墨。

加膠水法：

在上墨色前，與膠水一起點在宣紙上，然後再加水上墨色上，待融化開後，形成深淺的圖案。

中國畫品

能品——生動 技巧熟練。

逸品——注重個性的清逸。

妙品—— 有個性，筆墨精妙。

神品—— 能人所不能，有自己的性格，達到最高境界。

如何創造一幅畫？

佈局，用筆，賦色。

比如，寫山水，先在心中有一個構圖，然後大膽下筆，跟隨墨韵的自然走勢，

從而找出畫的內容，再小心收拾，不斷找出所需的主題。

作畫時，在大寫意中注意透過畫面，使人明白你的想法，繼而讓人領略你的感受，在似與不似之間，濃縮和升華。

寫意畫，主要表達意無盡的感覺而不受物象的影響，這樣才能提升為妙品。

再比如寫花鳥。

先決定要寫什麼花。

注意經營花的位置、構圖，補上一些小動物。

著色也很重要，選色上不要太多重色。

講求氣韻生動的節奏，達到渾厚華麗之勢。

現代抽象畫，可以通過具象的陳列和布局，加上不同的顏料，通過紙筆，達成和諧。

還要注意畫面的分佈比例觀察自然變化，例如地層變化形成的山脉綫條，與風化之後各有不同。如果依從自然，不如拍照。須用內心情感加上思考，有移山倒海的能力。

色彩調和注意合乎陰柔，陽剛之美隨形運筆，取像而不惑，得心應手。

我的風格

藝術家要建立自己的風格，首先要認識自己的個性氣質，愛好，然後才能創造出個人的風格。

1 寫蟲魚鳥動物

抓取其最迷人的動勢，特殊的造型以及色彩，轉化到紙上。要寫出動物中的氣質，感情，肌理。趙老師説，要寫好蟲魚動物，必要化身在其中，才能知他們的動勢。不但忠實於自然界的造型，更巧妙的捕捉自然界的神韵

2 寫花草樹木

注意花瓣姿態，花瓣上有輕薄感。從寫生中，取花的背向或前後方向，樹木的交合，樹葉的形態。用色輕重相宜，不可庸俗。

3 寫山水

山的姿態構造，石頭的寫法，注意水的流動性。

雲是不定型的，要寫好雲，必須多觀察雲的變化

4 注意寫生

用真實而代入自己感情，寫至出神入化的境界，應物像形氣韵生動。

與世界各地文化交流，取其長處。先模仿，再忘記它，代入自己的性格感情，寫出自我的強烈感，而達到畫的最高境界。

寫生的重要性

寫生對於畫家很重要。

因為只靠想像，畫家未必能寫出實景的真實性。而寫生時，畫家可以取其實物和實景，增加畫面的豐富性。

花鳥寫生時，畫家可以知道花的構造，花瓣的大小；葉的形態；枝幹的交錯；樹木的形態，這些都很重要。

山水寫生時，畫家可以通過觀察，寫出山的實景形態，然後移山倒海，用不同的景物合成一畫。

如果不寫生，只是空想，寫出來的畫，不但不真實，而且空中樓閣不合情理。雖然寫畫不要太真實，大膽創作，但也要合情合理。

以寫生為基礎，胸中有畫，再大膽創作，便可以事半功倍。

寫畫趣事

　　每天吃完晚飯之後，通常都會畫畫，繼續自己的創作，因為不接觸紙筆我的心裏總有牽掛，只要拿起畫筆就會很開心！如果不是太累，我通常會畫到半夜三四點。有時畫到自己覺得滿意時，已經是早上六七點——因為太入神，忘了時間。

　　當年我的畫室在天台，天台對面是九龍仔公園，公園有很多小動物，有時螳螂、小雀仔等都會走入我的書房。有一次，畫到三四點的時候，我正全神去構思該怎樣畫，突然肩膀有條絲線掉下來，絲線上有一隻小動物——我仔細一看，原來是蜘蛛：蜘蛛編織蜘蛛絲到我肩膀上，我一直都沒有發現。那隻頑皮蜘蛛走進來後，我在《月影芭蕉分外紅》那張畫上面加了這隻頑皮的蜘蛛，為畫面增添了不少生趣。

　　每天早上七時左右，畫完畫後，我就拿剛完成那幅畫到界限街的花園酒樓去找趙老師。因為趙老師每天七點就跟他的老友在哪裏飲茶。我拿畫給趙老師看，問他這樣畫好不好，讓他給意見。然後，回家後就可以安心的睡覺，睡至下午，然後又再拿起筆創作——那時的創作經歷很令我開心。

　　我有一個習慣：在寫成一畫之後，必要挂在墙上看一段時間，找出其中缺點，修改又修改。最後我把那張畫好的部分保留，不需要的部分切除，所以他們就戲稱我為「界紙居士」。

　　在我寫畫完成後，我很多時給我孩子們偉仁、梅心、偉志看，要他們給我意見。有一次，我用墨加水，畫成海中水草的造型。我給孫兒永豪看畫。只有四歲的他提醒我，為什麼不加些海底奇兵的游魚？於是我加

了兩條熱帶魚，結果大家見後都說好！

我畫畫時常非常專注。有一天晚上，桌上放了一杯水，旁邊放了一杯洗墨的水，我畫著畫著，不知不覺地拿起洗墨水喝了一口，入口後才發現是墨水。

還有一次，我不小心把墨倒到畫紙上了。因為是宣紙，於是我馬上在墨上加了些水，墨與水相溶，立刻出現了特別的效果，非常美。從那以後，我有時也用此法，取其特別的效果。

樹的寫法

柳葉（葉比竹葉長）

竹（竹葉有个字、人字之組合）注意左出了葉下一節必在右

藤

丹楓
樹

樹桿

果實的型

身 鼠花
足梅

松枝

拖泥帶水法
用側尖筆把筆拉過

荷葉皴

朱具皴

解索皴

山的寫法

斧劈
斧劈皴（看大小）
斧劈

月斧皴

披麻皴

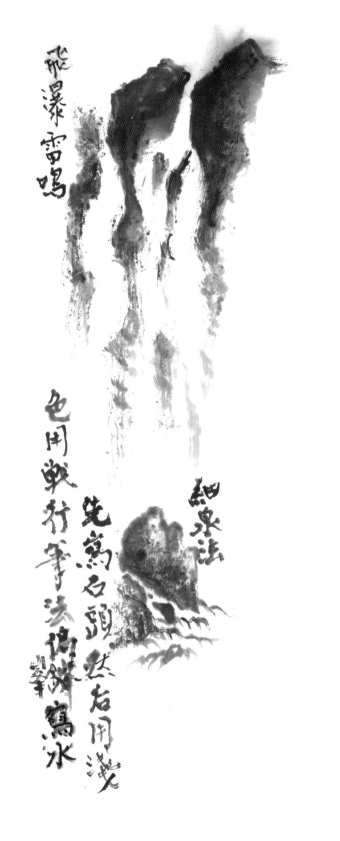

飛瀑雷鳴

細泉法

色用戰行筆法伯餘寫氷

先寫石頭然右用淺

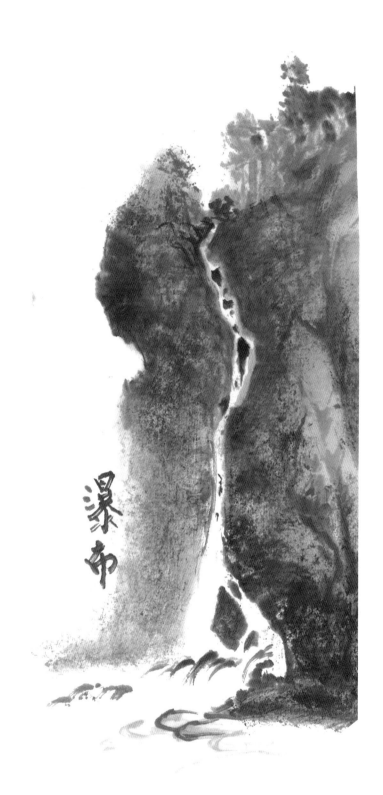

瀑布

雲與霧的寫法

寫雲時多寫山在及畫

上然石再寫雲反霧

霧的畫法

雲的畫法

先寫山形，然後靠山的形勢在山腳及周邊噴水，用用羊毛筆由淺墨開始續層加深，再用刷把墨刷開，再一次加深雲腳可用墨也可以用色，又用加染代層次加深，中央留白，如需要也可全張再噴水，用加染一次便完成。

霧的畫法

與雲寫法大同小異，只不過不用留雲腳

潑彩

先用墨色造一底色

然若在墨色上加石青及石綠

加水在上便

色彩流動

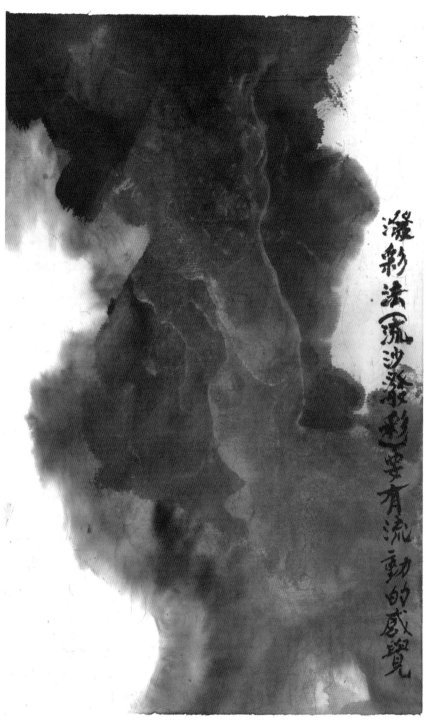

水的寫法

潑彩法流沙潑彩要有流動的感覺

彈水法

膠鹽法
（先用膠水加墨，再加水在宣紙上代
（筆濕畔加上藍

點滴法（用清水與圖雨
在水臾上加濃墨）

先用紙加縐紋然後在上用筆突出紙上的綠茶

襯拓法
用一宣紙加墨處右邊另一紙拓印

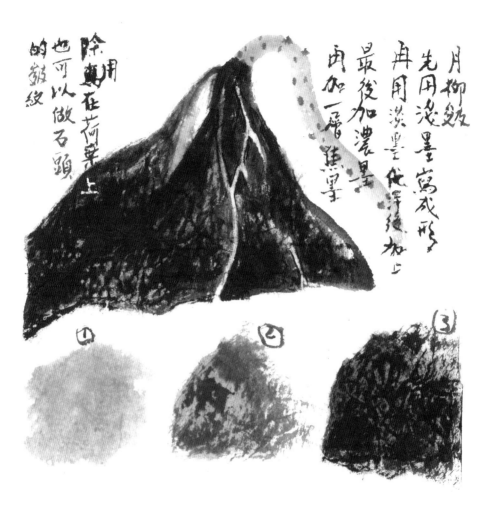

除此之外用筆在荷葉上也可以做石頭的皴紋

用月柳皴先用淡墨寫成形再用淡墨從筆後加上最後加濃墨再加一層焦墨

㈣ ㈡ ㈢

牡丹之寫法

牡丹的莖是草本如木本

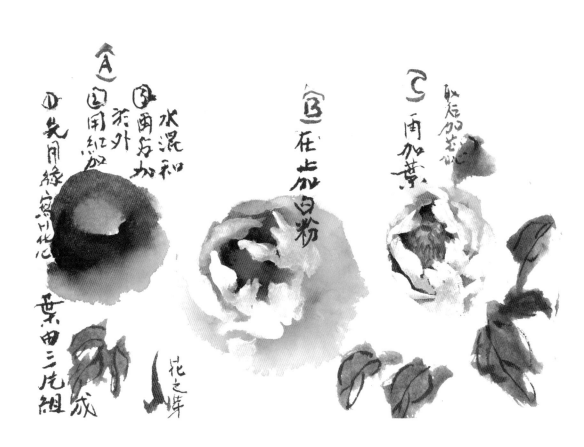

（A）
①先用綠畫出花心
②用紅加⋯
③再用白加
水混和

外

栗田三尾組

成

花之蕾

（B）
在上加白粉

（C）
再加葉
最后加苦⋯

牡丹花的撞粉及撞水法

撞水

撞粉

①先用紅色上色

②前加粉

③先上色然後加水在

加水后 水把顏色撞到边成一線

若三光合为一毛

荔枝之寫法

先用朱膘加洋紅為頂下加綠 混合寫生荔枝形
用洋紅加嗅於上注意上下實映大房 再加墨紅在上

曼佗羅

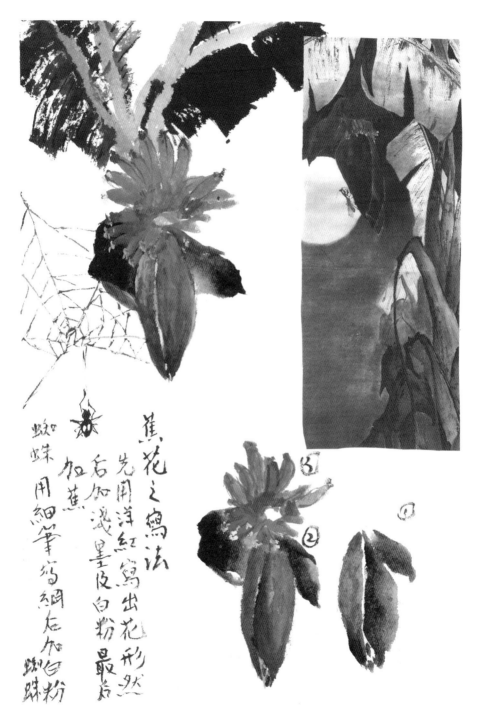

蕉花之寫法
先用洋紅寫出花形然
后加淺墨及白粉最后
加蕉

蜘蛛
用細筆寫網左加白粉

蜘蛛

常用葉的寫法

芙蓉葉

菊花葉
（由五瓣組成）

紫荊葉

玫瑰（三瓣式合）

荔枝

牡丹葉
三瓣成一組

銀杏

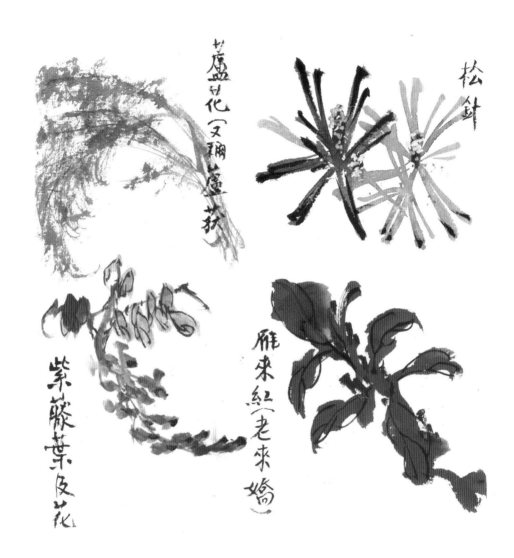

蘆花（又珊瑚蘆荻）

松針

紫藤葉及花

雁來紅（老來嬌）

皇蜂

天牛

虫的寫法

螳螂

紡織娘

蝸牛

蟬

毛蟲蟲

甲蟲蟲

蜻蜓

繪畫生涯

寫生之趣

第一次畫展過後，開始覺得要創造自己的風格，一定由寫生開始。自從那時開始，便跟一班同學一起去寫生。

當年君璧老師學生白雲堂弟子很喜歡組織去寫生，到過黃山、雁蕩山、灕江等等各地。

我最初都不懂怎樣寫生，後來看師兄們怎樣寫，然後自己執起筆去寫，越寫越有興趣。

寫生沒有太大壓力，隨心而寫，沒有人批評寫得好與不好。

有一次，到千島湖的時侯，曾經上過一個島，剛剛碰上島上牡丹花盛放的時候，滿山都長滿野牡丹，它們屬於單瓣牡丹，實在是太美了。我在哪裏寫了很多單瓣牡丹的寫生，回來後就營造自己個人特色的單瓣牡丹畫法。

我們一班黃老師的同學一起去寫生都是很高興的，早上去寫生，夜晚一齊有研討會，討論當天畫畫的事，互相切磋。一行人有歐豪年、何百里夫婦、李教授、彭慧清、關天穎Wendy等等。

那七、八年一起去寫生的日子很開心。去了黃山又去雁蕩山。雁蕩山山勢亦很美，此次寫生甚為開心難忘。林伯墀又邀請我們去鼎湖山，之後歐豪年亦題了一些詩，大家都很贊賞。

有一次蘇繆咏裳邀請我與一些同學畫友一起到中山寫生，我們在蕉林寫生到黃昏。當時太陽已開始下山，月亮升起，照在樹葉形成全反射蕉葉變全白。後來我在杭州中國美院參觀木板水印，我發現墨色綫條出

與畫友們遊覽長白山

現黑白效果很美，我想起蕉葉的全白反射，加上蕉花的紅色，再加上月亮更有特色，所以我創作了「月下朝花分外紅」。

還有幾次我與宋雨桂大師一起在中山蘇太家中住了幾天，每天都由宋老師指導寫畫論畫，有一次我寫了一張彩墨山水，他贊不絕口。幾年後他兒子結婚、我到瀋陽參加婚禮，再提起那張畫，問我賣了沒有，說嶺南派同學中我也算有成就了，還邀請我們到他畫家村中寫生。我在新加坡展覽時，剛巧宋雨桂大師也在，他特來我畫場做啦啦隊，題字給我。

有一年與幾位好友一起到不丹旅游，經尼泊爾中轉再去。我們在尼泊爾過了三個晚上，每天早上五時便有人吹長笛，成隊出發，沒法再入睡，那裏的水不清潔，要我們自帶水。有一個晚上我看了一個很精彩的

節目：大約六時我們參觀後回房間，突然看到一隻猫捉老鼠，那隻猫不是捉而是玩，它把那老鼠放了，又再捉來回幾次，最後當然咬死老鼠，雖然我很怕，但也很精彩。

跟趙老師習畫80年代至今，我開始到世界各地去寫生，當時跟聚雲雅集一起去，後來亦帶嶺藝會的同學一起去寫生。

跟「聚雲雅集」第一次去寫生的時候是去雁蕩山跟著又去黃山及各地，我們又去了太行山、張家界、泰山、武夷山、日本九州、台灣等地。

我帶領中大學生到紹慶王羲之故居參觀，順帶參觀曲水流觴。當天大雨滂沱，先參觀王羲之畫室、鵝池那些地方，之後剛剛停雨，我們便出外玩曲水流觴。

我們坐在溪的兩旁，主辦單位安排一些穿著古裝的女子，拿著很長的掃帚，當那個觴從河上流下來的時候經過賓客前面，這女子便用掃將它撈起來。那位賓客便要即席作一首詩，當然早有準備「猫紙」，預先便寫好一些詩給各人，給他們自己唸出來。

之後我們還去了王羲之的紀念館參觀，接著去當年大禹太太的所住的地方參觀，那裏有很多小溪流水圍在屋旁，我覺得比起威尼斯還漂亮，是個很值得去的地方。

張家界我跟「聚雲雅集」，就是白雲堂弟子去了一次，也跟嶺藝會同學去了一次。張家界的山水很漂亮，我們一早出發去寫生後參觀他們一座廟，裏面收藏了佛祖的舍利子，整天行程到六點然後坐吊車下山，第二晚研討會論寫生的作品。

當年有一次亦跟畫友劉若儀一起去東北，那時天氣很冷，欣賞了很多雪景。去完東北後第二天又轉去遼寧，像穿山車一樣，但我們一班畫

友一起寫生，在路途上一起唱歌，留下一個很開心的回憶。

有一次跟嶺南藝術會同學一起去武夷山，當時是廣州市政協跟我們一起搞這個節目。我們白天一起去寫生，夜晚有即席揮毫，師兄師姐一起畫畫。接著有研討會等，留下很開心的記憶。

有一年，嶺南藝術會同學旅行寫生，到廣州市時，順道到趙老師墓地拜祭。當天歐豪年的入境證過了期，不能入境廣州。後有廣州市統戰部由早上十時致電到北京一直到晚上才批准。但火車站入境的印要送到機場蓋，直到晚上九時才搞好，最終晚上十時才到老師的墓地。還好，可以完成同學的心願。

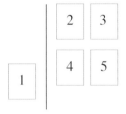

1　在敦煌寫生
2　在泰山寫生
3　在千島湖遊覽
4　遊覽黃山
4　遊覽雁蕩山

2006.05.13

1		3
2		4

1　在長江三峽寫生
2　在灕江寫生
3　在張家界寫生
4　伍月柳與程十發在紹興

1 拜訪高奇峰之墓
2 與師友在王羲之紀念館鵝池
3 與師生赴日本寫生

在祖國和世界各地舉辦個人畫展

第一次個展

一直以來，趙師母都極力鼓勵我開畫展。同時我先生在「求知雅集」中認識了很多收藏家，他們都鼓勵我開畫展，於是 1988 年我在大會堂高座開我第一次的個人畫展。邀請到律政司師司長梁愛詩、香港藝術館館長譚志成及孫秉樞博士來剪彩。當時盛況非常，得到各方朋友及收藏家支持，全部畫作賣了一大半。

參觀北京人民大會堂

有一年國慶節我被中聯辦邀請到北京人民大會堂，參加了「僑宴」。

去北京之前，我們先去東北參觀，到了天池，住了一晚。在天池寫生，到國家公園參觀。那裏古樹林立，不是人造的樹林，是全天然而非常入畫的古樹。參觀之後，召開研討會，有些畫家送了一些自己的畫作給當地的人。

第二天我們便準備到人民大會堂參加僑宴。到達會場的時候，國家領導人也有出席，擺了一百多圍。我們有機會參與這盛大的國宴，覺得是一個很高的榮譽。

百位女畫家畫展

1997 年深圳「藝術女畫家協會」邀請 100 位女畫家，每人畫一面扇面，然後合併成一幅大扇面展出。畫展在深圳舉行，當時很轟動。畫展開幕由喬紅大姐主持，范徐麗泰、梁定邦亦來作恭賀。後來那幅 100 名女藝術家的作品運到北京美術館展覽，亦很轟動——這樣的形式很新穎，代表每位畫家獨特的畫風。

母子畫展

1990 年，深圳博物館邀請我兩母子舉辦畫展，於是我跟我的兒子在深圳博物館開畫展。

1996 年，廣州市美術館幫我及我的兒子舉行一次母子畫展，當年出席的有關山月、黎雄才。黎雄才寫了一篇字，關山月親自來幫我剪彩。館長覺得我的畫有創新，另眼相看，立刻說要收藏我的畫。

「聚雲雅集」

1995 年「聚雲雅集」的同學們去北京炎黃博物館展覽（黃胄的博物館）。當時請到很多嘉賓，有黃胄、毛澤東兒媳婦邵華將軍、華君武等等。當時他們都很贊賞我們嶺南派的畫。

展覽期間，雲大棉（他是當年內蒙古的後裔）安排我們到內蒙古一齊寫生、游覽，下機當天，還請了很多當地人，又唱歌、又飲酒歡迎我們。

1	2
	3

1　1988 年第一次在香港大會堂舉辦畫展
2　伍月柳山水作品放於中聯辦會客廳
3　孫秉樞博士頒發獲獎證書

1	3
2	4

1 1990 年受深圳博物館邀請舉辦伍月柳、趙偉仁母子畫展
2 在扶輪社講座講嶺南派
3 在香港大會堂的畫展與梁愛詩、孫秉樞、趙國雄合影
4 畫展「五月江似火、春柳力千條」

1989 年加拿大溫哥華卑詩大學邀請舉辦伍月柳個展

伍月柳中国画展

展览时间：2007年10月16日—10月21日

主办单位：深圳市关山月美术馆

2007 10 16

2007 年深圳關山月美術館邀請舉辦伍月柳個展

「聚雲雅集」後來在上海美術館開畫展，由程十發的學生安排。每人有一個大的展室，像開個人展覽一樣。「程老」程十發，他是一個非常好的先生，我們出門去拜訪他時打電話給他，告訴他我們來拜訪他，我們到之前他已經站在屋前接待我們。他鞠躬著跟我們打招呼，帶我們進來參觀，閑話當年。然後請我們去吃飯，共請了兩圍：一圍是我班同學，一圍我是他的家人，當時我很喜歡吃臭豆腐。程老剛過去另一圍枱跟他的家人談話，我們的枱面上剩下臭豆腐一塊。同學們知道我喜歡吃，便叫我吃最後一件。剛好程老過來，我跟他說：「程老，我吃了你的豆腐了！」全場都大笑起來，我吃別人的豆腐（意思是佔便宜）不得已，還吃了別人的臭豆腐！

　　程十發陪我們去荷花池寫生，教我們怎樣構圖創作等等，還買了很多菱角給我們吃。後來我們說菱角好味，他就買了幾大袋菱角送上我們的旅游巴士。逐一扶我們上車後，他才上自己的車離開，令人感動！

　　在上海拜見完程十發後，我們又到朱屺瞻家拜訪他，他當時已經一百多歲，已經有點頭腦不清，我們跟他寒暄幾句，我問他：「你怎可以那麼長壽？」他說：「我教你啦，你吃湯圓，我日日都吃湯圓！吃湯圓就可以長壽了！」

國內各地舉辦個人畫展

　　2001 年，廣東美術館邀請我舉行個展，可以在廣東美術館個展是一個很高的榮譽，當時很轟動，館長很贊許。

　　2004 年，我的作品入選第十屆全國美術作品展港、台、澳邀請展，在台山市圖書館舉行個展。

2008 年，關山月美術館為我舉辦了一個很大型的個展，他們將我的畫全部裝裱得很漂亮，請了藤文金、還有很多其他的大畫家幫我開幕剪彩。

2008 年江蘇省美術館邀請我去展覽，我先帶學生一起去高奇峰的墓前拜祭，然後才去展覽。因為拜祭前幾年墓失修，由歐師兄先發起，趙老師的學生集資一起修。我當然義不容辭，去拜祭時還在墓前種了一棵樹。

2009 年在廈門大學展覽，廈門大學美術系邀請我做了一個講座給他們的學生，然後邀請我當他們的客席教授，也多次到大學講學。同年我的作品入選全國第十一屆全國美展。

2011 年 10 月上海世博會參加走近世博會「政協委員書畫展「，只是政協委員才可以在該博覽會展覽。

2013 年我在杭州中國美術館展覽的時候，熱鬧非常，亦有研討會，他們給我的意見很好，其中我捐贈了一張「何人得似山中叟」給它們收藏了。

港台地區舉辦個人畫展

在 1989，台灣台南市文化中心邀請我開畫展，慶祝台南獅子會成立 25 周年紀念。當時市長提前兩晚出來跟我吃飯。在吃飯的期間，他跟我說：「對不起，我要到台中參加一個很重要的會議，所以我不能幫你剪彩！」我很懊惱說：「那怎麼辦？」他說：「還有很多人在場呢！」我說：「那好吧！我先敬你一杯（是當地的土酒），就這樣安排吧！」他說：「你這樣的豪邁敬我，我不到台中開會了，我留下跟你剪彩吧！」於是他便留在台南參加畫展並幫我剪彩，後來我們成了好朋友！

2010 年 7 月，我在香港文化博物館舉辦了伍月柳水墨畫展。香港文化博物館是一個很嚴謹的博物館，所以我很高興受到邀請。博物館舉行了一系列嶺南派弟子的展覽，但只邀請了幾位弟子，我是其中一位，深感榮幸，當時有很多名人來欣賞，對我的畫都非常讚許。

同年我去了北京參加香港文化界國情與文化產業北京大學高層研修班，研修國情，更成為北京大學校友會會員。

2011 年，在台北市中正紀念堂三樓藝廊舉行了伍月柳彩墨畫展「從藝四十載」，這是一個很大型的畫展，同年 6 月香港國際創價學會替我舉辦「嶺南春輝」伍月柳趙偉仁母子畫展，亦有一兩幅我孫兒的作品，創價學會池田會長也有寫恭賀讚許信給我。

中文大學圖書館亦於 2013 年幫我及兒子趙偉仁，歐豪年林湖奎舉辦了一次四人畫展，當時亦將我們嶺南派的畫介紹給中文大學認識，後來更作了一個座談會，與莫家良教授對話及即席示範，並與同來的聽講人一起作畫，後由我補成。

入選全球傑出華人獎

2013 年 12 月我獲得全球杰出華人提名，我是 100 位被提名者之一。我的畫作北京發行了紀念郵票。

在世界各地舉辦個展

一九九十年代至 2000 年我都在世界不同地方展覽：新加坡、倫敦、愛爾蘭、加拿大溫哥華、澳洲、多倫多、美國、馬來西亞及中國各地。

當年加拿大溫哥華卑詩大學亞洲中心邀請我舉行個人展覽，楊伯（楊善深先生）來幫我剪彩，宣傳得很好，有訪問及刊登報紙。

1990 年， 新加坡國際藝廊，邀請趙老師在那裏展覽，我做為代表幫趙老師送畫到新加坡國家畫廊展覽。當時何家良部長也在場，接著他們邀請我第二年在那裏開個展。新加坡能在國家畫廊開個展是很難的，所以我很重視那次展覽。何部長也喜歡寫畫，當天他拿了紙筆，為我寫人頭像。

1992 年，愛爾蘭都柏林大學醫學院成立 400 周年紀念，邀請我在學校裏舉行個展。展覽完畢後，我將全部作品捐給學校作義賣，所得收益用來幫助醫學院的學生及學校營運之需要。接著到倫敦展覽，在倫敦展覽的時候，是中國駐倫敦的大使幫我開幕剪彩。

我在美國紐約舉辦個人展覽當日，在華人報刊登了我的名字。展覽開幕時間是十點開始，怎料九點半便有一位男士拿著一盆花站在門口等開門。我去到的時候認不出他，他跟我說：「伍月柳，我是你小學同學，你認不認得我？」後來聽到他的名字，就記得了。大家都很高興，竟然在這樣的機遇下，也能相認到老同學！

接著去三藩市展覽的時候，我重遇我大哥，大家相遇的時候抱頭痛哭，因他沒有見我幾十年了。

2003 年我去了美國印第安納波利斯大學講學。當年那裏有很多外國學生，我講了幾堂課，他們都很欣賞中國畫。還有一次邀請外國油畫家，用油畫畫了一部份，我用中國畫畫另一部份，看起來也十分和諧，大家都大開眼界。

2013 年 5 月我去了加拿大安省中國美術館個展，當年很轟動，加拿大總理 (Stephen Harpes) 哈伯及多倫多列治文市政府特別頒發嘉許狀給我，加拿大安省中國美術館聘我為永遠榮譽會長。後來我也到多倫多的

安省中國美術館展覽。由勞允澍多年相交的朋友安排，當天我學生賴玉蓮、周巧兒也來加拿大加油，

我在澳洲的個展是由林伯墀師兄安排，在墨爾本及雪梨都有展覽過。在墨爾本個展的時候，林伯墀師兄安排中國駐當地的領事跟我見面，領事很欣賞我的作品，邀請我們吃飯，亦介紹了當時墨爾本美術館的館長給我認識。

繪畫融合音樂的嘗試

2012 年，香港中樂團想籌款，舉辦了一個節目「香港情懷——香港中樂團籌款音樂會」，以支持香港中樂團發展。當時請了一些歌唱家、粵曲演奏家演唱、還有朗誦，我也被邀請。閻惠昌指揮一首音樂演奏，然後我在音樂開始至完成畫幅四尺整紙畫「向日葵」。當時籌款也很成功，觀眾熱烈鼓掌。我在那麼短的時間，完成一幅四尺畫，在音樂一停，我便完成了 蓋了印章。

當年莫鳳儀校長（啓基學校創校校長）舉辦了一個梁祝節目，由學生表演，有管弦樂伴奏，最後學生化蝶跳出來，我被邀請在表演進行中畫了兩隻蝴蝶，就在那一次開始，覺得音樂及畫可以融合一起，做出令人別開生面感覺，這都是莫鳳儀校長的構思。

創價學會展覽

香港國際創價學會會長很欣賞我的畫，曾經邀請我在創價學會舉辦畫展，我與兒子偉仁及三個孫同場展覽，吳楚煜理事長及創價學會香港會

長李剛壽到場前彩，畫展有互動節目，現場很熱鬧。創價學會理事長及會長都很欣賞我和偉仁的畫，很多時候都有見面暢談。

全港青年學藝比賽大會評審

在 2007 年全港青年學藝比賽，委任我做評委。

我的老師趙老師以前是「全港青年學藝比賽大會」的評委。趙老師很謙虛，通常自己弟子的畫是第一，都會將之壓後為第二。其他評審認為好的，他都會放回第一。我的兒子趙偉仁曾經先後兩次獲得學生組的冠軍及青年組的亞軍。因老師是評委的緣故，所以我也被邀請為「全港青年學藝比賽大會」評委。我為了傳承趙老師，答應當比賽評委，我覺得香港有很多青年人及學生的畫作水準很高。

扶輪社拍賣

扶輪社 2008 年邀請我捐一幅畫給他們善拍，拍賣之後當時行政長官梁振英先生負責頒獎，當年畫了一幅牡丹，很多人出手競投，最後高價拍出。

開平碉樓

開平碉樓村落成的時候，我作為當年開平市政協委員，有份參與。政府也寫了一張感謝狀頒發給我，因為是我家鄉，我所以感觸很深。2005年台山市圖書館設了伍月柳永遠收藏館在圖書館裏面。當年我祖父在赤

嵌，一邊是台山、一邊是開平、我們原籍是台山人，後來遷徙到開平，在開平建了一個碉樓。所以我又是台山人，又是開平人。

開平美術館個人美術館

2003 年開平市美術館幫我舉辦了一個個展，因為我是開平市市民，他們邀請很多人。之後開平市美術館給了我一個專館，永遠放我的畫，我都捐了十幾幅畫給他們。他們邀請我在五邑大學講座，出任了開平市美術館永遠榮譽館長，並邀請我做開平市政協委員。

視覺藝術雜志

徐傳鑫先生是雜志的總編，最初經司徒乃鐘先生介紹我認識他。之後我也介紹很多嶺南派的師兄給他認識，大家是相識了幾十年的好朋友。他常常都在雜志上分享我的消息及最新畫作，他常常都讚許我的畫作，今次我出這本書，是由他鼓勵我，常常都提點我叫我一定要出這本書，所以我亦下定決心去做這件事。

理工大學

有一年我同學生同到日本美術館展覽，同行有理工大學謝教授，她見到我的畫及即席寫畫後回港，便邀請我到理工大學。2016 年理工大學幫我舉行了一個個人展覽，之後再做多了一次展覽，並當了他駐校的藝術家，之後理工大學邀請我當他們的榮譽院士。

中文大學

2013 年受中文大學沈祖堯校長邀請，我於中文大學圖書館舉行嶺南藝術四人展覽：區豪年、林湖奎、伍月柳、趙偉仁的聯合畫展。當天莫家良教授與我在圖書館有對話，我表演了即席揮毫。

有一次在我旅行的時候，中文大學善衡書院打電話給我，邀請我做他們的榮譽院士，叫我第二天立即回香港。他們舉辦了一個很隆重的儀式。之後我幫善衡書院帶學生去旅行寫生、教他們怎樣賞畫、寫揮春，及指導他們怎樣畫好國畫。 此後每年都有一次去旅行寫生及做畫展。

之後中文大學於 2020 年，邀請我做他們的榮譽院士。頒獎禮當天，因為疫情，只能邀請 20 幾位嘉賓參加，所以只能邀請部份學生出席，其餘的就於網上觀看頒獎直播。

有一年我們定了去敦煌石窟及沙漠旅行，在出發前我邀請了李美延老師作一個敦煌講座，她帶了很多圖片介紹，講得十分精彩。更安排行程，很多重要的石窟都開給我們看。

這幾年，我都有帶理工大學、中大學生至內地及日本韓國寫生。寫生回酒店後，我幫他們改畫，講畫理，他們都很用心聽。

當開平市及韶關市政協

2013 年我在開平美術館開了一個畫展，由開平市政協及開平市美術館主辦。當年我邀請了香港油尖旺區議員及九龍部中聯辦部長、廣州市政協副主席廖志剛，韶關市政協主席同來參觀。開平市美術館館長說，開平市畫展從未有過那麼隆重，那麼熱鬧的活動。當天他們的主席邀請

我做開平市政協委員。

後來我又機緣巧合做了韶關市的政協委員。

當年我跟廖志剛部長，帶了台灣畫家歐豪年師兄及蔡百泰先生到韶關寫生，統戰部熱烈招待我們。他們都很樂意看見我們怎樣寫畫的情形。韶關政府很重視文化藝術，想邀請我做韶關的政協委員，以提升他們的藝術氣氛。當年我還不懂什麼是政協委員，後來我諮詢了廣州市招署長。他說韶關的政協委員是國家的機構，幫助國家辦很多事情。既然有這樣的功能，我就答應他們，做了韶關的政協委員，還當了韶關學院的校董。後來做了兩屆政協委員之後，因為我年紀已過 70，他們就邀請我做他們的榮譽市民，他說我是韶關市的一份子。做了榮譽市民之後，免了我開會的責任，可以待他們來香港時才見面。

成立嶺藝會

十多年前因我在城大校外課程教學，同學多起來，經常搞聯誼活動。同學每年都有多次寫生、旅行，及一年一次同學的聚會，所以特別成立了「嶺藝會」(繼承嶺南藝術之意)，至今有 15 年左右。每年的聚會都有一個主題，有時請藝術老師講藝術品的收藏價值、詩詞老師講詩詞。有一次請了李美延老師講敦煌。還安排所有的敦煌行程。我還用我的畫拍賣所得，捐出作慈善。嶺藝會還舉辦服裝比賽，多姿多彩。在嶺藝會主席賴玉蓮的安排下，舉辦各種的活動，現今會員有百多位。我們又派些同學到正生書院，教那些學生寫中國畫。

與學生的情

在 1990 年代我開始在城大及家中教畫，到現在也有幾百學生了。有些學生很有成就。在嶺藝會委員會成立後，先後有三位主席，現任主席為賴玉蓮，她幫助我很多，每逢大小事我都勞煩她做。她很樂意也做得很好，我收了她為義女。賴玉蓮先生何廣基不但為會做籌款出錢出力，很多時出外旅遊都開車接送我。

周巧兒副主席、許劍明也為會做了很多工作。關靜華為我寫初稿，用了一年多時間，花了很多心血。蕭燕屏幫我中英文翻譯，與愛爾蘭大學的往來通訊，及很多鎖碎的事，都由她代辦。還有很多的會慶是由楊國華 (Mary) 安排會務，做到好食又便宜。黃美玲代我將我的畫設計成漂亮又實用的袋、絲巾、襪、小冊子等，很受大家歡迎。我不能一一儘數，因為很多同學都幫助我做很多事，他們都很關心我。

1　在廣東美術館舉辦畫展

2　獲加拿大總理史蒂芬哈伯頒予榮譽證書

3　在印第安大學與當地藝術家合作繪畫

26 11 '05

| 1 | 3 |
| 2 | |

1/2　伍月柳赴京參加文化交流
3　台山圖書館設伍月柳水墨收藏館

3

1 2

3

1 2012 年香港中樂團籌款音樂會，由閻惠昌教授指揮畫向日葵，一曲完畢，伍月柳畫畢。

2/3 嶺藝會會員畫展和台灣寫生活動

1　香港理工大學授予伍月柳大學院士
2　善衡書院授予伍月柳榮譽院士
3　香港中文大學授予伍月柳榮譽院士

嶺南畫派創始三傑在港澳台暨海外同人邀請展

在港、澳、台暨海外同人邀請展

tion of Lingnan Art by Today's Chinese Art Association,
Hong Kong Spri... de Art Society,
...ing Club,
...En.... ...ation.

全球傑出華人

龍的傳人 系

票 **100**人

第二屆「全球傑出華人獎」頒獎典禮

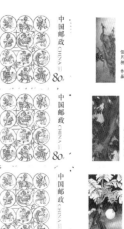

授予
伍月柳
全球傑出華人
獎

「全球傑出華人獎」評選委員會

【頒獎詞】

她是嶺南派第三代的佼佼者，年輕時就追隨嶺南畫派大師趙少昂與黃君璧，為趙少昂入室弟子。

她的作品極重寫生，講究賦色和墨韻，無論是花鳥作品還是山水作品，均有其獨特創意。

她的山水畫意境深遠、大氣磅礴，佈局顯現空靈，處理透視及光影貼切精彩；

她的花鳥畫承「外師造化」之道，用色獨到，形象逼真，富有靈氣，自成一家。

她的畫中生氣勃勃，奔放中帶含蓄，筆法簡練有氣吞斗牛之勢及超俗出塵之境。

她的作品構思章法嚴謹，用筆多變，把自然及物理渾然一體，

充分體現嶺南畫派現代風範，拓展了嶺南派之新領域。

她德藝雙馨，熱心於社會公益事業，多次參與藝術交流和書畫義贈活動。

她積極參政議政，為國家的昌盛和民族的興旺奉獻出藝術家的赤誠。

她就是被老師趙少昂大師譽為丹青過人，南中之秀的伍月柳。

太行情懷（四屏）175cm x 98cm x 4

追憶師友

嶺南四家

關山月大師

關山月師叔，是嶺南畫派第二代領軍人物。我常去探訪他。有一次我帶林順潮教授去廣州為黎雄才治眼病，順道去幫關師叔檢查一下，他很高興。我同兒子一九九六年在廣州市美術館畫展的時候，他特意來出席我的畫展，他太太很喜歡我送給她的禮物，她常稱讚我買給她的禮物很合她心意。

黎雄才大師

黎伯是嶺南派的領航人物，當時他在廣州美院任教。有一次別人跟我說黎伯的眼睛不行了，看不見東西。別人勸他做白內障手術，他不肯去做，一味摸黑去畫畫。我跟他說不能夠這樣，我安排了兒子趙偉仁（當時已是醫生）替他檢查一下，他的白內障肉眼也看得見。後來我特意請林順潮教授上廣州。林教授帶了很多儀器預備替黎伯檢查眼睛。林教授幫他檢查後，要他一定要到香港做手術，於是後來林教授安排了他到香港威爾斯親王醫院做白內障手術。做完手術後他很開心，到處跟人說一定要做這個手術：「做完手術後大放光明，人覺得很開心！」他最後幾年樂得安享晚年，也因此可以畫了一些好的作品。

楊善深大師

我認識楊伯已經很久，他本來住在我家對面，順理成章我是應該在他那裏學畫畫的。但有一次，我去拜見趙老師，很喜歡趙老師的筆法，終於去了跟趙老師學。楊伯多年來都對我很好，我去溫哥華展覽的時候

都有去探訪他，跟他見面吃飯，他又將他的畫作給我看。他在溫哥華住了一段長時間，有一次回港，他告訴我眼睛好像漏風般，很辛苦！於是我介紹林順潮給他檢查眼睛，林教授替他做手術，是個高難的手術，也做得很成功。他很高興，每次回來，他都邀請我到他家吃飯。他不喜歡出街吃飯，所以我們通常買些餸菜到他家吃。他每一次回來都會見我，我有時帶偉仁一起去見他，他在偉仁的畫上題字，之後我們一直保持聯絡。

後來因趙老師的眼也不太靈光，所以我也帶趙老師去見林教授，所以嶺南四杰我都一同帶過去見林教授，他們四位各自在林教授的畫冊上畫了一張畫，非常珍貴！

李奇茂教授

在台灣開畫展的時候，認識了李奇茂教授，他對我的影響深遠。

他曾來趙老師家斟茶拜見趙老師，所以我稱他為師兄。他每次來香港一定抽時間跟我見面，大家一起討論怎樣寫畫。他曾對我說：「你畫的畫似足老師的，咁又如何？你就是偷人的東西，我給你零分！是沒有分的！你可以學習，但作為一個畫家，不可以抄襲別人的東西！」我於是開始用一些新技法去嘗試創作。之後，他非常肯定我的創作、鼓勵我。

善於轉變的胡念祖

胡念祖是黃君璧老師的學生，我每次去台灣，他都抽時間見面，一起吃飯，談論畫事。他雖然一把年紀，但亦有很新的思維，他對我的畫有很大的影響。他用黃老師的筆法，轉化成自己的思維，我覺得這個轉化不錯，也影響了我自己。當年，他來港開畫展，由文聯莊李望達請吃飯，我及顧媚都是坐上客。我邀請電視台文化風情節目訪問他。之後每次我在台灣畫展，他都給我剪彩及介紹。

1　伍月柳與關山月
2　伍月柳與黎雄才、關山月

1　伍月柳赴美國印第安納大學講學，與同學合影
2　伍月柳與台灣中研院院長李遠哲、歐豪年
3　伍月柳與喬紅、尚濤
4　伍月柳贈畫給北京大學研究院向勇院長

1 伍月柳與范曾
2 范曾贈畫

「大家姐」顧媚

對我繪畫最有益的畫家是顧媚，她是我的大師姐。她第一次開畫展的時候，趙老師叫我去看她的畫展，我也買了她一幅畫。當她送畫來我家的時候，大家一起傾談，非常投契，成了好朋友。有時我去邵氏電影探她，有時她會到我家吃晚飯。她當我的家是飯堂，一個人的時候便會來吃晚飯。她對畫的看法與別人不同，有時我完成了畫作，帶給她看，讓她給意見。自己畫的認為是好，但也需要一位高人認同，沒有人認同，心裏都會懷疑：「是不是好呢？」當我畫了一幅較為獨特的畫給她看時，她常常鼓勵我說：「這樣好！」顧媚大姐的提點，最重要是給我的畫好處及不好處都提出來。她自己亦是位很謙虛的人，也有聽取我們談對她畫的意見。

與顧媚游黃山時，他與我共請一轎伕，每人分別坐一會。一直在路上我很怕下山，那轎伕對媚姐說，你不要坐了，說我很怕，給我坐好了。氣得媚姐說：「我比她大，還要我下去？」只是說笑！後來還是我坐一程，她坐一程，我們一路上一邊說笑、邊寫生。

范曾師兄

當年范曾大師來香港，住在九龍凱悅酒店。因為他亦曾斟茶拜趙老師為師，所以我常常稱他為師兄。他去法國之前，我都有去跟他吃早餐，看他寫畫，跟他交談。有一次，他拿了一隻朋友送的蕭邦表來問我漂亮不漂亮，我當然說：「很漂亮！」他問：「不是勞力士較漂亮嗎？」我答說：「勞力士較俗氣，你是位偉大的藝術家，蕭邦才襯得起你！」他聽了後很高興！後來我拿了我的畫給他看，他亦在我的畫上畫了一張白描的畫送給我。他是位很聰明的人，他題字送給我時先寫：「月柳女仕」，我立即問：「為什麼你題月柳女仕？我不是你師妹嗎？」他立即回答說

：「嘻！我還未提完」，繼而寫上 「余之師妹也」！

他的用筆很流暢， 他提點我拿筆寫畫時不要「窒」， 一定要流暢，造型、比例各樣都要好，才能成好畫。他很尊敬趙老師，曾經有位人仕邀請他、趙老師及歐豪年作了一張合作畫，並給收藏家收藏。

宋雨桂

當年「聚雲雅集」的同學認識了宋雨桂大師，我們成班同學都很欣賞他，他經常來香港， 每次來港的時候，都跟我們解釋一些畫畫的技巧，我們又給他看我們的畫，亦一同去了中山，去了我師妹詠嬋家住過。宋雨桂很推崇嶺南派，適逢我在新加坡畫展的時候，他亦同時在新加坡舉行畫展，經朋友帶領下，他來參觀我的畫展，還題了一些字給我，他常常稱讚嶺南派的風格很突出，他個人很欣賞。他亦贊賞我的畫，我很感謝他，每次我給他看我的畫時，他都有提一些意見給我參考。

吳山明

吳山明第一次來香港畫展的時候，是紹慶同鄉會的主席安排他來港，亦帶我去見他，見到他之後，他知道我跟趙老師習畫，他也很想拜見趙老師，於是我帶他到趙老師家中，他很尊敬趙老師，後來我們經常一起出來吃飯暢談，成了好朋友。他亦到我家作客，即席揮毫，他用宿墨作的畫有他獨特之處，他示範並解釋給我們怎樣用宿墨。他畫展完後便回杭州，每次他來港時我們都有見面。

2013 年 12 月杭州中國美術學院邀請我去畫展，本來是有一位教授幫我處理，但後來他因有事未能出現，令到我仿徨無助，第一：沒有剪彩嘉賓，第二：不懂人脉，不知道怎樣去宣傳。當地美術學院說 ：「你自

己找到那位人仕就那位來剪彩，當時很仿徨，後來想起吳山明，我立即去拜見吳大師，見面後他立即叫他的高足幫我統籌一切畫展的事宜，邀請人幫我寫畫評，開了一個研討會，好不熱鬧。還帶我到他的畫室參觀，介紹我怎樣用宿墨去做畫。最後一次見他是他在北京美術館展覽做畫展，我也親自去參觀。

林墉

林墉是一位大師級畫家，我很欣賞他的人物畫。他住在廖安祥的兒子廖志剛的家隔鄰，所以我去探廖主席(廣州市市委主席)的時候便順道去他家探他。他家裏有兩個廳，一個是給普通朋友見面，另一是招呼較熟悉的人，但他招呼我去第二個廳，他告訴我他很喜歡人物素描，他也給我看他很多作品，當年我看中他一本連環圖的手繪本，我請求他賣給我，但他不肯賣，他很多謝我欣賞他的連環圖。

尚濤

尚濤這位大畫家的畫很獨特，別有一番風格。當年深圳一個雕塑家藤文金、喬紅引薦尚濤給我認識，他提醒我說要大瞻落筆創作。他說要有新的感想，才能創作好的畫。大家有很多畫事上的交流。

王子武

在深圳畫展的時候，王子武每一次畫展都來捧場，他亦幫我題字，恭賀我及贊許我。我很 欣賞這位人物畫家，他的風格很蕭灑自然。

黃冑

1995 年，「聚雲雅集」同學到北京炎黃博物館展出，由雲大棉先生帶領，由於他與黃冑交情甚好，黃冑大師還請了一大班出名書畫家出席，晚上並邀一些名家食飯，其中華君武亦是座上客，我回港後，他寫了幾隻小老鼠送我，但少了一隻腳，我不會意，又沒有回信，後來他寫了一封信給我，還另送一張有小腳的老鼠給我。

展後我們一起到內蒙古寫生參觀，我們下機後一群年青人唱歌、跳舞、飲酒。然後兩隊馬共六匹護送我們到蒙古包，晚上燒羊肉、飲酒，又歌又舞好開心，又帶我們參觀當地的博物館及名勝。

于志學

于大師精於畫冰川，當年有位師弟叫白庚穎跟于志學是好朋友，買了他很多畫之後邀請了于志學來香港見面。他叫我帶他去見趙老師，我就帶他去拜見。他當時帶了一張作品給趙老師看，趙老師在他畫上加了兩隻小鳥，他很高興，作為珍藏。他亦示範給我看怎樣畫冰川，大家成了好朋友。

郭浩滿

香港藝術發展局邀請我到市政局文娛中心展覽時，認識了郭浩滿先生。當時我跟兒子一起畫展，因為要到長江三峽寫生，所以我沒有在會場，我先生及兒子在場，他對我先生及兒子說，一定要變自己的風格，才代表自己。他這樣說之後，我回心一想，很有道理，於是努力去寫生，參觀其他的畫，去努力改變自己。我的轉變，除了李奇茂先生之外，這位郭浩滿先生亦很鼓勵我畫自己風格的畫。

林湖奎

他是我多年的老同學。在我第一次辦畫展時，他代我安排各項事宜。之後很多時候我們都在一起討論畫事。他也是我先夫的麻將牌友，每星期都有一桌。他是特定的人選，每晚打到天亮。有一次，我到上海美術館辦畫展，他們打到天亮，直到上飛機為止。

歐豪年

早年時期，我們經常一起到國內各地寫生，如灕江、黃山、雁蕩山、中山等地。我們經常一起論畫，讓我收穫很多。他每到一地，詩興大發，就會作詩助興。

歐豪年與我先夫的一班收藏家好友很熟，每次由台灣來港都見面。除了論畫之外，也有談及在趙老師家中的事兒。我每到台灣，他一定來接機，安排畫屆各種雜事。這幾年，因年事已高，很少來港。

邵華將軍

黃老師學生的畫會「聚雲雅集」，曾經到北京展覽，去完北京後到內蒙古寫生，在北京的時候，我們在黃冑的美術館展覽，有七八位同學一起展覽，當時很多大畫家來捧場，因為嶺南派在北方比較少見，他們都很欣賞。黃冑先生跟他們一班畫家請客，其中毛澤東的兒媳邵華將軍亦有來參加這個展覽。邵華將軍看完畫展之後，很欣賞我的畫，特別喜歡我的向日葵，我答應返港後畫幅向日葵送給她。返港後我按承諾畫了一幅向日葵，托一位朋友帶到北京送給她。

邵華將軍來看畫當晚，我問邵華將軍怎樣可以做一位中國籍的公民，因為我是大陸出生，我很想取回大陸的公民籍，她說：「你來北京買套

房就可以了。」她講了之後，我沒有去做，所以又失了一個機會。

勞允澍

畫友勞允澍先生，我三次在加拿大的展覽都是由他主辦，他邀請了很多有名的人來參觀我的畫展，場面很熱鬧，安省美術會總監王亭之先生特別來我畫展題字恭賀我，並聘我為安省中國美術會永遠榮譽會長。我們去王亭之先生的家裏拜會他，他又很盛情的邀請我們出外吃飯。有兩次都住在允澍兄的家中，他經常贊許我老師的畫。來到香港，他亦跟我們見面，跟我們提起當年跟趙老師的軼事。當時勞允澍介紹我給當年加拿大的總理史提芬哈伯先生，還頒了一個嘉許狀給我。

盧延光

在廣州市統戰部部長廖志剛介紹下，我認識了大師盧延光先生。他亦是開平人，我們認識後，他幫我在廣州市美術館辦畫展。他很推崇我的畫，他在我的畫 評價我的畫好像阿凡達的景象，藝術較早進入內地的視野，大氣清新多改變。

林伯墀

每次的集體展覽，如果沒有我的名，他都提出加我名。我曾多次在澳洲展出，有一次他還約了中國駐華領事到他領事館見面，又介紹墨爾本歷史博士館館長一起共進餐，另一次我們一起到鼎湖山旅游，當時有當地局長一起，蔡百泰先生、歐豪年師兄、開平美術館館長謝東達及林柏墀夫婦局長等人，除旅游外，更有雅集、題詩。

黃簡老師

在八十年代尾，有些人看過我畫展之後，很想跟我畫畫，我問趙老師，老師說：「試試吧！」我便嘗試教學生，我在那段日子，自己在教學及寫畫上是雙長的。一直以來，學生都很好，來我家裏上課。之後在一個很偶然的機會下城市大學跟黃簡老師寫字，黃簡老師說：「我也懂寫畫，你看我寫的蘭花跟嶺南派的不同，嶺南派的只懂加顏色！」我不認同他這樣說，但我不好意思在同學面前提出來，於是下課後，我對他說：「王老師，我送一本我老師的畫給你，你看看他的畫！」之後，有師兄來香港的時候，我都帶黃簡老師去見他們。後來他說：「我現對嶺南派有另外的看法，並不是那麼簡單！」後來更是邀請我去城市大學：「我教書法，你教畫畫！我倆一起上吧！」於是我有幸在城市大學當上講師，一教便教了十幾年，並得了長期服務獎。我亦很多謝黃簡老師，他寫的字以及教的方法是很特別的。之前，我跟另一個老師寫字時，只教我臨帖，並沒有教我法度。我雖然畫畫，但畫及字都是雙長的。

張肖鷹先生

當我先生還是旺角區議員的時候，工作有時太忙，抽不開身去參加中聯辦的活動，所以就派我做代表參加，我就這樣認識了張部長。

他很欣賞我的畫，跟我說，釣魚台賓館的馬部長見過我的畫之後，很想在釣魚台收藏我的畫，人民大會堂及京西賓館三個地方，亦很想收藏，問我願不願意捐出去。我說這麼高的榮譽，當然願意。於是便安排我到訪，捐了兩張去釣魚台、兩張去人民大會堂、及一張去京西賓館。捐出的畫很大幅：釣魚台賓館那張是六呎 × 四呎連屏，人民大會堂有一張是六呎，另外是八呎連屏 × 3 呎，京西賓館是八呎 × 3 呎四張連屏。當時我很高

1	3
2	4

1　伍月柳與黃簡
2　伍月柳與林湖奎夫婦
3　伍月柳與李奇茂
4　伍月柳與勞允澍 譚美容夫婦

興，他們亦熱情招待，安排我住在釣魚台賓館，參觀釣魚台。我捐畫的當天下午，我先生是先下車，我跟在後面。人民大會堂那主辦單位就接待了我先生，誤以為他是伍老師，他跟我先生說：「伍老師，你好！多謝你！」接著我先生說：「伍老師在後面！」常有人誤以為我先生是畫家！

八十年代的時候，趙老師被新加坡國家博物館邀請去開畫展，當時是我親自帶他的畫去新加坡，當時認識了負責舉辦事務的林秀香。她看了我的畫後，跟他們的館長報告，第二年就邀請了我到他們國家博物館展覽。新加坡當時國家博物館很少邀請外國人展覽，沒有高的水平，是很難到那裏展出的。我亦送了一幅畫給他們博物館收藏。當時的場面很壯觀，有很多人參觀。碰巧有一班日本人旅行團到參觀博物館，我畫了一批彩瓷碟，給他們一次過買光了。回來後他們邀請我到日本博物館展覽，又成為澳洲瓷畫教師會會員。

跟著另一間新加坡最高級的新加坡博物館也邀請我去展覽，經過這些展覽，我認識了何家良部長及一班其他的朋友，趙少昂在新加坡的好朋友，也出來替我打氣。

松年大和尚

當時認識了一位松年大和尚，每次展覽他都到來參觀，每次完了展覽，他都邀請我到他處講唸些佛經給我聽。從那時候，我就開始認識佛教，我覺得佛教很有意思。信一個宗教，一定要認識它才會相信，不能胡亂去信。雖認識不多，但已經是踏進佛教門檻的第一步。每次在新加坡展出，松年大和尚都來給我打氣、題字，更邀請我到他佛堂講佛經給我聽。其中兩個字我最深刻 —— 如意：如人意不如我意，如我意不如人意，如都能如人我之意，天下太平。

邵宇

七十年代的時候我父親的一位好朋友廖安祥（亦都是他的老闆），他介紹我認識人民出版社社長邵宇先生。邵宇先生是一位好好先生，人品高雅大方，太太亦是和藹可親。在北京的時候，因我住在釣魚台國賓館，出入很難，他慷慨的借了紅旗牌轎車給我自由出入。他跟我說：「你的畫可以在北京美術館展覽，然後讓我幫你在人民出版社出一本畫。」但我沒有答應，因當時的畫還未有我個人風格。他後來到了深圳，因地寒水土不服，突發病死亡，令我感到非常惋惜。他是一位我很尊敬的人，是一位大收藏家，他將自己所有的收藏全部捐給國家！跟他一起時談畫事，他亦提點了我很多。

九姨孫秉樞太太

對我 20 歲之後的人生影響最大的人是我的九姨——孫秉樞太太。

當年在我出嫁時，因為我父親已過身，我的九姨為我上頭，孫秉樞博士帶我入教堂，最後將我的手交給我的丈夫趙榮裕。孫秉樞博士是我的姨丈，又是東華三院的主席。當時我在廣華醫院工作，所以由他帶我入教堂是最適合。

孫秉樞太太在上海長大，所以比較西化和洋氣。她教我如何穿衣服，如何選顏色。她說穿衣不一定要買名牌，但衣服的顏色一定要配得好。自從我學畫後，她見到好的畫展，就一定會帶我去參觀。在各地見到好的書、畫、或相片，她都買給我參考。在她的指導下，我對畫的瞭解大大增強了。我與她也常常一起旅行、打麻將以及唱 K，我們共同度過了歡樂的時光。

好友朱羅麗娟

我有一個相交 50 年好朋友——朱羅麗娟。除了吃喝玩樂外，我很多事情求助她，她都有求必應，十分樂意相助。我後來介紹她到趙少昂老師那裏寫畫，所以我與她對繪畫也有共同的觀點。有一次我説想捐款，她立刻請了 B 哥陳小漢來港演出，幫助捐款。另有一次 B 哥來香港，她邀請我及趙醫生到家中食大閘蟹。但我前一天寫畫到天亮，接著與顧媚吃午餐，下午到她家中打麻將、吃螃蟹。吃飯時，我剛吃完一隻蟹，就昏倒在地上。他們立即打電話叫我兒子來送院。入院的醫生在處方上寫：「這個病人一定要睡、睡、睡！」原來因太疲勞我的腦停了一下，從此以後我再也不敢太過勞了。

徐希

徐希大師是香港一間畫廊介紹給我們認識的。他為人很大方，我們跟他常有雅聚，談論繪畫之事。他介紹寫畫的水痕、技巧等方面，我受益良多。

劉春草

劉春草是嶺南派的第二代，是陳樹仁大師的唯一弟子。我曾帶學生到他大陸家中，也邀請他來香港城市大學講學。他每年生日都邀請我帶學生參加聚會，他是一個很會講笑的藝術家。

羌丕中

羌丕中是香港篆刻大師。有一次畫展，他看到我便對我説：「你是伍月柳？我已經注意你的畫很久了！」還讚我的畫有古法又有新意。後來我們成了好朋友。之後，他還刻了幾枚印章送給我，我非常感謝。

尚濤

尚濤這位大畫家的畫很獨特，別有一番風格。當年深圳一個雕塑家引薦尚濤給我認識。大家有很多畫事上的交流，他提醒我說要大膽落筆創作。還說要有新的感想，才能創作好的畫。

王子武

我在深圳辦畫展的時候，王子武每次都來捧場，他亦幫我題字，恭賀我及贊許我。我很欣賞這位人物畫家，他的風格很瀟灑、自然。

方楚雄

方楚雄先生是由黃正浩先生介紹給我認識的，是嶺南派的大畫家。當年他幫我們在深圳搞了一個藝術博覽會：我跟方楚雄先生同場一起有畫展，大家互相有切磋，之後都有保持聯絡。

潘受

1988 年我去到新加坡展覽的時候，遇到潘受大師，潘大師乃詩書雙絕的新加坡國寶，我每次在新加坡展出時，他都來剪彩，在我的百花卷上題字：「百花圖」。他很欣賞嶺南派，特別我老師趙少昂教授的蟲魚花鳥。

陳文希

在新加坡展覽時，陳文希有到會捧場。之後我們一起吃飯聊畫，他說他寫的是意筆，很有意思，也令我感到意筆的妙處。

喬紅、滕文金

喬紅、滕文金兩個都是雕塑家。深圳蓮花山上鄧小平像便是他作品。每次在深圳展覽，他倆都來為我剪彩，也甚喜我的畫，很多深圳事情他都幫忙，並帶很多朋友參觀。

王明青

我妹夫徐仁昌在某個機緣下，引薦了王明青——資深的藝術傳媒人。王明清很讚賞我們這些香港的畫家，幫我們香港畫家做了不少的電視介紹。在電視訪問中，除了畫的介紹，也介紹了很多畫家的生活。之後我們成為了好朋友。

沈定罷

沈定罷先生是紹慶同鄉會介紹給我認識的。我去紹慶的時候，由紹慶政協接待，並帶我去見這位沈定罷先生。他是一位書法家，他說很欣賞嶺南畫派，還招呼我們到他家拜訪，之後題了一些字送給我們的畫友。

王紀千

王紀千每次回港都相約顧媚及我一起共同進餐。有一次我在台灣展覽，他還特意飛到台灣代為剪彩。在期間他還帶我與顧媚姐到故宮博物館參觀，介紹一些出色的古畫、筆法、用色等，得益很多。

黃磊生師兄

黃磊生師兄跟我也很相熟，每次到台灣他都跟我見面吃飯，有傾有講。趙老師過身的時候，我都邀請他來住幾天 ，一起去拜祭趙老師。當年他

來香港的時候，我亦邀請王明青給他做了一個訪問。 他太太是當年昆劇的演員， 亦是張大千的契女。她與黃磊生師兄一同來，大家暢談，甚為投契。

吳作人

吳作人在1980年代來港，我和余妙枝接待他。他告訴我，寫畫要簡單，寫其意。有一次他來港，我先生帶他去看跑馬。他說看不清，於是立即帶他去換了一副眼鏡，他很滿意。

他對太太也很有情義。在他家園子裏，常掛著一雙白冰鞋——紀念他去世的外籍太太，因為他太太喜愛溜冰。

陸儼少

我曾到深圳拜訪陸儼少，想買一張他的畫。但是因為種種原因，最後沒有買成。與他談話時，感覺他是一個很溫和的人。從他畫的雲彩可見，對畫有一種特別的看法。他認為，如果只畫畫而不讀書，就會缺少知識的營養，畫的意境就不會太高。

1

2

3

1 伍月柳與黃永玉
2 華君武贈畫
3 伍月柳與黃永玉、華君武、趙卉光、方召麐

老鼠吹牛

從前人說老鼠屁股不許摸，
現在人說摸摸小貓屁股也摸不得，
其餘萬物聽后大喜，扁扁嘴說：
如今美麗屁股更摸不得。
世人見愛說假話、空話
的拘似此鼠。

丙子仲夏贈柳女士一笑
華君武並記

1 伍月柳與饒宗頤、李翹峰、翟仕堯
2 伍月柳與胡念祖
3 伍月柳與楊之光
4 伍月柳與高劍父夫人翁芝

1　伍月柳與吳冠樵
2　伍月柳與黃君璧、王季遷、顧媚
3　伍月柳與黎雄才
4　伍月柳與吳山明

1　伍月柳與宋雨桂
2　伍月柳與林墉
3　伍月柳與劉春草
4　伍月柳與梁子江

1　伍月柳與毛新宇
2　伍月柳與邵華
3　伍月柳與朱屺瞻

| 1 | 3 |
| 2 | 4 |

1 伍月柳與前駐港三軍
　總司令張仕波
2 伍月柳與盧寧部長
3 伍月柳與滕文金
4 伍月柳與吳志華

| 1 | 3 |
| 2 | |

1 伍月柳與何文匯
2 伍月柳與林伯墀
3 伍月柳與劉若儀

1 伍月柳與陳小漢

2 伍月柳與陳小漢、羅丽娟

學佛之經過

2003 年我到韶關市寫生，同行的有台灣歐豪年師兄、廣州市統戰部長廖志剛夫婦四人。除寫生外，我們還參觀南華寺，見到六祖的真身及在寺後的石雕六祖壇經，由那時開始，我開始認識了佛教。

2004 年我被邀請為韶關市第九屆、第十屆、第十一屆的政協委員，2006 年也被邀為開平市第十一屆、十二屆的政協委員。回港後受佛香堂邀請我去教畫，那時開始認識星雲大師的大弟子——滿蓮法師，給我講佛的道理；在新加坡我又認識松年大和尚，又聽他教我認識佛法，之後在廈門認識了靜雄大法師，更增加我對佛教的信任。直到六年前由中聯辦張肖鷹部長帶我見寬運大和尚，他講解了很多人生道理，更用心經講解。我開始信佛，我感到佛教給我很多力量、人生的道理。六年前我便歸依寬運大和尚，並賜名為「宏月」。在歸依前我又到香港天壇大佛見釋智慧大和尚，他對我很好，並請我共進午餐。因在二十多年前大佛未健好時，他們邀請了很多書畫家送畫，我是其中一人，所以在大佛建起後頂層有我的名字，在畫冊上也印了我的一張畫，算起來也算是與佛有緣。在十多年前我隨美國的佛教團體到不丹、尼泊爾、泰國拜佛，使我對佛教有更深的認識，我更信任觀世音大使，使我心情平復，有求必應。有一年我跟李美賢老師到敦煌，她每個窟都解釋很清楚，使我增加對佛教的認識。回港後又聽潘宗光校長講佛法，更加強了我的信心。

1　伍月柳與新加坡松年大和尚
2　伍月柳在佛香講堂上課
3　伍月柳與寬運大和尚
4　伍月柳與靜雄大和尚

80 年代的流光歲月

趙老師有很多明星學生，但多是明星個人班，我是契女，所以經常可以與他們見面聊天。

鍾情、顧媚、馮寶寶、蕭芳芳、林鳳嬌等，都是趙老師的學生，其中顧媚與我最親密，我們常常一起談論畫事。

林鳳嬌常在老師家中學畫是我同班，所以我們很常見面，課後一定請老師一起食飯。她教會我打台灣麻雀。當年他請我到尖沙咀一飯店打麻雀，成龍有時來觀戰。他叫林鳳嬌不要贏太多，接著還請大家吃飯。

馮寶寶也是同班，她沒有明星的嬌氣，有一次我在街上遇見到她，她也來打招呼。

有位同學跟林青霞很要好，所以林小姐也多次跟我們吃飯，到馬場跑馬。

潘秀瓊是 50 多年老朋友，在當年也跟我們一起食飯唱 K，我還帶她見趙老師，老師給她題字，我到新加坡展出時，每次開幕都來給我坐鎮，所以她來香港演出時，我很多時也在後台坐鎮。

在 80 年代，我在趙老師寫畫處與蒙文偉太太是同學，剛巧他的女兒在瑪諾讀中學，與我女兒美寶是同學，而他的兒子在喇沙中學與我長子偉仁是同學，所以成為了好朋友，蒙老先生也多次約我們一家出海游玩。有一次我和我女在蒙太家中一起做功課，請了我二妹月麗來接我，她來到時大廳沒有人，但突然有人說：「買樂聲牌啦！」然後才發現只是一隻會說話的鸚鵡！

90 年代的時候潘秀瓊從台灣飛來香港，約了我、徐小鳳、鄧麗君一起有飯局，傾談得很暢快，講他們當年做歌星的妙事，喜歡到避風塘吃

艇仔粥、炒蟹。覺得鄧麗君說話跟唱歌一樣，聲音那麼動聽，待人亦非常爽朗。他們都說若然那時出道的時候，如有現在的栽培，成績更不至於此，最後徐小鳳送我回家，飯局在歡欣中結束。

我的姨（孫秉樞太太）是在上海長大，當時亦結交一班上海幫的朋友，其中有好多歌星明星都是上海幫的人，每個月都在 Grand Hyatt 聚會，每次訂一間房， 大概四台麻雀。有時亦在中華游樂會唱卡拉 OK，孫太、尤敏、夏夢及我，通常組了一台。其中夏夢邀請我到她家打麻雀，他的工人煮的菜很好吃，還教曉我怎樣做熏雞。後來尤敏身體不佳，又有抑鬱症，所以最後沒有一起打麻雀。除了他們之外，還有關之琳媽媽張冰茜及其他幾個明星一起打麻雀，每個月有一兩次都可以有傾有講散散心。

當年因一起打麻雀跟張冰茜頗熟，她知道我跟林順潮醫生相熟。關之琳想做矯視激光手術的時候，她請我找林順潮醫生。做完手術後，關之琳請我們去福臨門酒家吃飯。因林教授很喜歡結識畫友，所以亦邀請了楊善深。我還記得楊伯穿了一套中式長衫，像個公子哥兒，胸口還挂了陀表，看起來很醒目。楊伯為人很健談，大家一齊談得很高興，每次他由溫哥華回港，都邀請我到他家中食飯。

顧嘉輝

顧嘉輝大師乃顧媚的弟弟，因媚姐的關係，所以我也很多時有機會見面飯局。他為人平易近人，沒有架子，常帶笑面，一派大師風範。

他們三姐弟在香港舉辦畫展，也是我一手安排。顧嘉輝不但作曲好，水彩畫也很不錯，在香港舉辦了一個很成功的畫展。

有一年，我、我先生趙榮裕、顧媚、顧嘉輝、輝嫂一起到廣東寫生，原來他的寫生也別有格調，十分好。顧哥經常不講說話，但常常微笑。

在寫生的路上，我問他，為什麼你頭上有一串的白髮造型那麼好看？是否特意做出來的？媚姐笑著跟我講，那是輝嫂的高跟鞋打出來的烙印！

媚姐還告知我，他們姐弟倆小時常給人測字：輝哥請人寫字後，由媚姐做測，想不到也很準。

懷念大師輝哥，他這樣的作曲天才，百年都難出。

有一年，顧嘉輝開了一個差不多是最後的演唱會，邀請了他的姐姐顧媚作演唱嘉賓。當時顧媚住在影城，一星期我有幾次到影城跟她一起畫畫、練歌，那段時間大家互相切磋。到演唱會那個星期，我差不多每天都去後台陪她，在那次演唱會後台，看到很多好笑的事情，原來那些歌星很喜歡搞笑。有時有一位歌星在外面唱歌，在後台裏面的歌星會跟著模仿他唱歌和他的動作。當時有張國榮、鄭少秋、汪明荃，還有很多其他歌星。我還叫工人整了魚翅燕窩給顧媚吃，黃霑說：「嘩！原來演唱會要吃這些東西，咁勁㗎！」

1 伍月柳與夏夢、張冰茜等

2 伍月柳與潘迪華

3 伍月柳與夏夢、孫秉樞太太、張冰茜
等

1	3	4
2	5	6

1 伍月柳與李香琴
2 伍月柳與鄧麗君等
3 伍月柳與劉德華
4 伍月柳與羅文
5 伍月柳與鄭少秋、汪明荃
6 伍月柳與張國榮

| 1 | 3 |
| 2 | 4 |

1 伍月柳與顧媚
2 伍月柳與白雪仙
3 伍月柳與關芝琳、林順潮醫生
4 伍月柳與潘秀瓊

後記

　　2023 年 10 月，我的丈夫因病去世，他在病床的日子足足有一年多。我也感受到他的痛苦。離開雖然是哀痛，單對他而言也是一種解脫。每當夜深人靜的時候，在我腦海裏浮現與他一起走過的 54 年歲月，猶如電影一樣一幕幕出現在我眼前。感謝他愛我五十多年，送給我三個愛我的孩子，以及六個兒孫。回看我的人生也算十分滿足了。

　　收拾以前的相片，81 年的往事，影像彷彿模糊，卻又那麼清晰。撫摸著當年的舊相片，百感交集，思如泉湧，久久不能入睡。於是我決心把以前的往事記錄下來，寫下我的人生往事。

　　從芳華已不覺進入暮霞，回想人生只不過是過眼雲煙。

　　如今我收拾哀痛的心情，轉移到繪畫創作。我感到十分安慰的是大兒偉仁香港中文大學醫學院院長，二女美寶動物傳心師，小兒偉智任職法國巴黎銀行董事總經理香港市場主管，六個兒孫已經長大，給我無限歡樂。

　　最後感謝花時間看這本書的讀者，感謝我的家人和學生，讓我在暮霞之年，享受快樂人生以及美好的回憶。

伍月柳

2024 年 6 月 18 日

學生給伍老師的信

　　跟隨伍月柳教授學畫是一個偶然的機會。

　　伍教授是一位十分滿分的老師，她會循循善誘去教導我認識水墨的知識，傾囊相授她對水墨的心得，不斷鼓勵我去尋找自己的路向和創作，這個思想正正就是她要嶺南畫派所推崇的與時俱進的理念，所以我在這裏再一次多謝我的老師，伍教授！

　　從 2011 年起我擔任嶺藝會主席之後，與老師見面和互動亦多了，互相瞭解亦深了。我們什麼都會說，會務事、家庭事、鎖碎事等等，甚至八掛事！有時候她會所說兒時的故事、年輕時的頑皮事、與趙醫生拍拖的浪漫、婆媳之間的事、養兒育女的事，我都聽得津津有味！老師的軼事可以說是百科全書，聽她的故事，可以學習人生的經驗和啟發，像一本活字典、活寶貝。

　　　　　　　　　　　　　　　　　　　　　　　學生　賴玉蓮

　　我跟伍老師學習嶺南畫已經十七年——從帶著小兒跟伍老師習畫從旁觀察，到現在放下工作專心跟老師習畫創作。每次上堂時，老師邊教畫、邊跟大家談笑風生，當中分享很多她以前的往事，頗覺有趣味，有些甚至很有戲劇性。前兩年老師講起，將會踏入八十之年，想出一本回憶錄，與眾人分享自己家族歷史及自己成長，及至後來成為藝術家的經歷及心路歷程，我一口便答應，認為是很有意義的事，覺得是對老師諄諄教導的回饋，也作為獻給她八十歲大壽的一份很好的禮物。

　　於是老師一邊口述我　邊替她錄音，然後再整理成文字。大部份時間是在她家錄音，有時在坐車途中或上堂時，她思如泉湧突然想起某些事，於是立即錄下來。回看錄音紀錄片段已有 157 段。這兩年當中亦有經歷兩次疫情非常嚴峻的時候，不可以聚會，連上堂也停了，所以錄音的工作也停了好一陣子。儘管如此，

也能替老師完成這項記錄任務，回想起來，也覺得是這場疫情中，能與老師同行的一點安慰及成就。

女弟　關靜華

轉眼已跟伍月柳教授學習已經有十五個年頭。跟伍老師學習的不單是畫畫的技法，而是畫畫的理念。記得初期老師教導，開始時只是臨摹老師的畫稿，總是小心翼翼，但只能像形而沒有神韵！老師就鼓勵我們多去寫生。我們跟著老師一起去寫生，上山下海，走遍中國名山大川。我們學著老師寫生畫畫，也學到很多做人道理。之後老師要我們自己創作，不斷鼓勵及指導我們如何創出自己的風格。伍老師不單是我的畫畫老師也好像是我們的親人長輩。我非常感激及興幸有這麼一位老師！

學生　周巧兒

千禧年在伍老師喇沙利道的天臺畫室結下師徒之緣，一晃廿載。恰巧與老師同一祖藉、生肖、曾任同一職業，甚是有緣。跟隨伍老師畫畫只是為重拾年少時的興趣，沒想太多。老師性格活潑，精力旺盛。記得太行山之旅，老師一馬當先衝往山上寫生，廿分鐘已完成寫生，而我連十份一也未完成，有時都會懷疑老師是否過度活躍，但又正是這種性格，帶我去到各地遊歷寫生，感受到何謂精緻秀麗、何謂氣勢磅礴。這些年間，老師給予我很多提携和機會，同時接觸到不同的藝術名師，開闊我的藝術視野，個人的修養亦得益不淺。良師難求，幸甚！

學生　許劍明

桃李滿園爭艷盛，春風一面映顏紅
數年前開始隨伍月柳教授學習嶺南派水墨畫，一直非常感激和欣賞老師的無

私教授和積極鼓勵學生創作。

老師在每堂課上，都毫不保留把所有作畫技法和創作要領，展現示範給我們看，有時更達忘我之境，一畫便停不下來。更甚者，老師會大方邀請其他嶺南派的大師來示範，讓自己的學生能對嶺南派的山水花鳥，游魚走獸有更多方面的領悟。

秉承趙少昂師公的教學理念，伍老師也積極鼓勵學生努力創作，推陳出新，建立自己的藝術風格。她更以前人大師的畫作，循循善誘，望以啟發我們的創作思惟，讓我們能闖出一番新天地。

老師對學生的關懷也是令我非常感動的。她除了和我們分享許多作畫的好用品好工具外，甚至生活上的許多好物好事亦然，以至於我們的健康，她都像親人般關心我們。喜愛熱鬧、性格好動的老師在我們而言是亦師亦母，願我們在她帶領下，繼續為嶺南水墨發揚光大。

蕭燕屏

認識伍月柳老師 20 多年了。

喜聞伍老師出版新書，記錄她的大半生，作為學生的我，深感榮幸，再次恭賀伍老師！

有感多年以來，她認真、無私的教學態度，春風化雨，桃李滿門，她的學生已多成為杰出的名畫家。

我最敬佩她的為人，大方得體。雖然她已身為名畫家，完全沒有架子，循循善誘，親和力十足，她的畫作已跳出嶺南畫的框架，與時並進，氣韵生動。每每有新創作，我總有學不完的意境，因為她的畫作著色極具創意，佈局精妙，惟肖惟妙，栩栩如生，引發共鳴。在她教化下，獲益良多。

我師恩澤，感恩在心！

楊國華

老師不單是我的老師，還是我們大眾媽咪。她閒時會教我們煮食心得。

還記得有一天上完課後，已是午膳時間，老師怕我餓著肚離開，叫工人給我一份薄餅，我原以為是 pizza，原來是中式薄餅。入口鬆脆印度薄餅，中間夾住已炒香雞肉及芹菜，非常好味。

我回家整給家人吃，人人都讚不絕口。

孫兒打趣問我：" 嫲嫲你去學畫還是學煮嘢食？"

我哈哈大笑：" 老師不單是我的老師，還是我們大眾媽咪呀！'"

老師給學生很多自由發揮創作機會，我很榮幸為老師設計以她的作品為題材的文創產品，例如：絲巾、抱枕、衣服、拖鞋、環保袋、曲奇餅等等，亦得到很多的讚賞。在老師藝術的薰陶下，我的藝術種子得以萌芽成長。

感謝老師沿途有妳，在妳的護蔭下成長。

MeiLing

一支墨筆兩袖輕風，三尺畫枱四季晴雨，加上五臟六腑，七咀八舌，九種心思十分用心，滴滴心思傳承畫藝桃李芳天下；

用滿天彩霞連山巒譜寫畫作，用遍地鮮花編織畫面，用精神澆灌用心血滋養，這就是你傾注一生的藝術工作；

以身立教，塑造師德風範，因有了你，生活才如此精彩紛呈；因有了你，世界才如此美麗動人，你是人類靈魂的藝術工程師！

鶴髮銀絲映日月，丹心熱血沃新花！

妳永遠是我心中最可愛可敬的人，感謝妳對我的畫藝教導，繼續嶺南藝術傳承譜天下。

學生謝潔兒敬上

記得多年前偶然機會下，看到同事歐陽惠芳老師之水墨畫作，讚嘆不已。細問下得悉她追隨伍老師門下，故請她引見，望能有緣親炙大師。初見伍老師，戰戰兢兢，暗忖自己創作基礎全無，心不通靈手不巧，不知老師會否見嫌。當時老

師只問我：你為何想學畫？我說只想自娛，也為未來退休生活找點寄托而已。老師笑著說，任何學習，動機越純粹越好；她就在「有教無類」精神下，收納我這個天份欠奉之學生。一晃眼，今天我已退休，能在人生下半階段，找到生活之意趣，既感激伍老師，也懷念歐陽惠芳師姐。

　　子曰：「詩，可以興，可以觀，可以群，可以怨。」詩畫同源，學畫跟學詩一般，也能培育出多種素養。跟隨伍老師多年，每次上課均有所得；所得者不一定是繪畫技法，更多是藝術想法，甚至是修為心法，令我受益殊深。

學生 梁秋雲

伍月柳年譜

1943 年生於廣州

1967 年馬英國及香港注冊護士及助產士

1969 年與趙榮裕醫生結婚

1970 年從游趙少昂教授及黃君璧教授

1986 年 9 月香港大會堂個展

1987 年 2 月新加坡中華總商會個展

1988 年 2 月香港美麗華酒店會議廳個展

4 月新加坡國家博物館畫廊個展

10 月德国盧貝克東方藝術家聯展

1989 年 1 月台灣台南市文化中心個展（慶祝台南市獅子會 25 周年紀念）

11 月加拿大溫哥華卑詩大學亞洲中心個展

11 月加拿大 Alberta Visions Gallery 個展

12 月美國紐約華埠文化中心個展

1990 年 6 月新加坡國際藝廊個展

6 月馬來西亞吉隆坡精武畫廊個展

9 月深圳博物館伍月柳趙偉仁母子畫展

1991 年 10 月受邀香港恒隆金鐘展覽廳開幕首個展

1992 年 6 月上環文娛中心伍月柳趙偉仁母子畫展，由香港市政局及藝穗會局主辦

8 月受邀愛爾蘭都柏林大學聖三一學院醫學院四百周年紀念個展

8 月英國倫敦個展

12 月馬來西亞濱城畫廊個展

1993 年 5 月新加坡藝術文物館個展

6 月馬來西亞怡保山城畫廊個展

1994 年 3 月加拿大安河美術館中國美術會員拍賣聯展

上海美術館香港聚雲雅集書畫七人聯展

10 月澳洲墨爾本澳華歷史博物館個展

1995 年 1 月 4 月加拿大多倫多個展

7 月入選紐約美國 95 藝術節

9 月北京炎黃博物館聚雲雅集書畫聊展

1996 年 4 月廣州市美術館伍月柳趙偉仁母子畫展

1997 年 出任香港嶺南藝術會主席

1998 年 8 月美国三藩市世界日報展覽廳個展

荃灣大會堂及屯門大會堂個展，由香港區域市政局「視藝精英」計劃主辦

1999 年 6 月被委任局韶關市政協委員。

1999 年 12 月人選第九屆全國美術作品展港、台、澳邀請展

2000 年 4 月澳洲悉尼中華文化中心佩展

2001 年 3 月深圳大學伍月柳趙偉仁母子重展

4 月韶關學院伍月柳趙偉仁母子畫展

10 月出任韶關學院美術系客座教授

11 月廣東美術館個展

2002 年 1 月香港大會堂個展

2 月為嶺藝會會長

12 月香港鄉村俱樂部個展應邀參加廣州市 2002 年世界華人書畫展＜中化文化在五洲＞

2003 年 7 月開平市美術館個展，應邀請講學於五邑大學

出任開平市美術館永遠榮譽館長，並設立一館作永遠收藏及展出其作品

8 月獲得城市大學持續教育第一屆書法藝術文憑

10 月於美國印第安那波利斯大學講學，並邀請為大學藝術顧問

11 月深圳博物館及香港鄉村俱樂部師生畫展

出任香港城市大學專業進修學院國畫課程導師至今

2004 年 4 月被委任為開平市政協委員

4 月委任開平美術館永遠榮譽館長

12 月台山市圖書館個展，入選第十屆全國美術作品展港、台、澳邀請展

2005 年 1 月台山市圖書館設伍月柳畫永遠收藏館

3 月應邀台灣國父紀念館個展

4 月廣州藝術博物院紀念趙少昂大師百歲冥壽同門展

2006 年 6 月香港大會堂低座紀念趙少昂大師百歲冥壽同門展

2007 年 4 月加拿大安大略省中國美術館個展

5 月獲授予韶關市榮譽市民

5 月馬來西亞吉隆坡彩蝶軒畫廊個展

委任全港青年學藝比賽中國畫（小學、中學、成年人）評委，香港民政事務處 10 月
辦至今

2008 年 1 月深圳市關山月美術館個展

6 月江蘇省美術館伍月柳教授暨嶺藝全員作品展

2009 年 香港大會堂低座個展

出任廈門大學美術系客座教授

5 月人選第十一屆全國美術作品展

10 月廈門大學藝術學院主辦伍月柳水墨畫個展

2010 年 1 月入選中國書畫報年度人物

1 月台北市佛光緣美術館個展

6 月上海復旦大學伍月柳趙偉仁母子畫展，並聘為上海復旦大學書畫協會藝術顧問

香港水墨畫聯展，與北京（由中國文化部主辦，香港民政事務局協辦）

7 月香港文化博物館舉辦伍月柳水墨畫展

入選 2010 港澳藝術展（香港民政事務處主辦）

8 月加香港文化界國情與文化產業北京大學高層研修

2011 年 3 月台北市中正紀念堂三樓藝廊伍月柳彩墨畫展「從藝四十載」

6 月「嶺南春暉」伍月柳趙偉仁母子畫展於香港國際創價學會香港文化會館池田紀念講堂

10 月於上海世博會參加走近世博會「政協委員書畫展」

2012 年起入選佳士德拍賣行拍賣至今

2 月中國美術家協會會員

5 月入選 ICIF 2012 中國（深圳）國際文化產業博覽交易會首屆兩岸四地名家書畫展

9 月國際女畫家聯盟日本東京都美術館展

11 月為香港中樂團籌募經費，即席在現場以中樂伴奏完成一張彩墨向日葵

2013 年 4 月嶺南藝術展覽四人畫展於中文大學圖書館

5 月莫家良教授與伍月柳教授對談於中文大學圖書館，並即席示範 5 月 5 月加拿大安省中國美術館個展

加拿大總理（ Stephen Harpes ）哈伯及多倫多列治文市政府特別頒發嘉許狀

加拿大安省中國美術館聘為永遠榮譽會長

11 月開平美術館個展

韶關學院美術館個展，聘請為榮譽教授

12 月獲全球傑出華人獎提名

於杭州中國美術學院中國美術館伍月柳彩墨回顧展

2014 年 2 月伍月柳彩墨回顧展於香港中央圖書館

4 月伍月柳彩墨回顧展於台灣國立藝術大學

8 月嶺藝會於日本東京都美術館館舉行畫展

11 月中國美術學院美術館個展

2016 年 北京大學 清華大學 中央美院 舉辦北京藝術交流個展

2017 年 香港理工大學授予榮譽院士頭銜，受聘香港理工大學駐校藝術家，並舉辦

一脈相承 畫展

2017 年 獲選全球水墨畫大展

2017 年 京都美術館第十六屆國際國際書展銀獎

2017 年 佛山大學技術學院榮譽教授

2018 年 歸依寬運大和尚，法號宏月

2019 年 任香港美協首創理事

2020 年 香港中文大學授予榮譽院士頭銜

2021 年 入選百年綻放海外 38 位傑出女性，並由北京郵局發行郵票。

2021 年 集古齋辦藝術人生五十載個展

2021 年 加入香港文雪藝術屆聯合會。

2022 年 慶祝香港迴歸 25 週年國慶匯展

2022 年 入選全球百名畫家匯展

2024 年 任香港中文大學（深圳）駐校藝術家

2024 年 香港水墨新時代聯展於中央圖書館

收藏作品名錄

2001 年深圳大學收藏《涼風吹送芭蕉紅》

2004 年江門市政協書畫院收藏《百折溪流路轉深》《重彩牡丹》

2007 年關山月美術館收藏《冷翠幽谷》《飛雲帶出半邊天》

2013 年 中國美術學院美術館收藏《何人得以山中叟》

2013 年香港中文大學收藏《中大校園一覽》

2013 年香港中文大學圖書館收藏《秋來紅葉滿山開》

2014 年香港理工大學收藏《崇山青翠》

2015 年香港善衡書院《善衡書院全景圖》

2016 年清華大學統戰部收藏《鴻雁傳書》

2016 年中央美術學院收藏《飛瀑下山村》

2016 年北京大學校團委收藏《山鷹》

2016 年石景宜劉紫英伉儷文化藝術館收藏《嶺樹濃彩》

2017 年北京京西賓館收藏《萬壑流翠》

2017 年北京釣魚台國賓館收藏《太行情懷》

2017 年北京人民大會堂收藏《雲滿山頭叔滿溪 春風浩蕩綠初齊》《幽谷鳴泉》

2020 年愛爾蘭都柏林大學收藏《月影蕉花分外紅》

作品收藏机构

新加坡國家藝廊

台南市藝術中心

湖南省黃鶴樓博物館

浙江省人民政府

浙江省紹興市人民政府

桂林博物館

愛爾蘭都柏林大學

香港天壇大佛名家書畫珍藏

澳華歷史博物館

廣州市美術館

深圳大學圖書館

韶關學院

深圳市博物館

開平市美術館設伍月柳水墨畫收藏館

台灣國父紀念館

台山市圖書館

加拿大安省中國美術館

深圳關山月美術館

香港沙田文化博物館

廣州十香園美術館

香港中文大學

江門美術館

中国美術學院美術館

台灣中正紀念堂

獲獎：

1988 年 Anaheim Art Club in U．S．A

1994 年澳洲雪梨亞太區 94 年水墨畫比賽優异獎

1995 年加拿大亞太區 94 年水墨畫比賽優异獎

1995 年獲選參予 New York Art Festival Top 70

1996 年上海民族畫院中國畫比賽金獎

1999 年入選第九屆全國美展，港、台、澳邀請展

2001 年中國魂全國畫藝術大展優异獎

2001 年 21 世紀海峽兩岸畫展交流大展比賽金獎

2004 年入選第十屆全國美術作品展，港、台、澳邀請展

2005 年桂林台灣海峽兩岸名家邀請展一等獎

2005 年香港百名書畫精品國際展獲銀獎

2005 年中國文藝金爵獎書畫最佳獎

2009 年入選第十一屆全國美術作品

2012 年入選第七屆海峽兩岸書畫大展優秀獎

2014 年入選第十二屆全國美術作品展

2017 年京都美術館第十六回國際書畫展銀獎

大家評說伍月柳

趙少昂（嶺南畫派國畫大師）

丹荔過人，南中之秀。

月柳女弟，近攻山水，曾幾何時，已臻妙景，可喜可賀，辛未新秋少昂時年八十七。

沈祖堯（香港中文大學校長）

伍教授的畫風與香港中文大學創校宗旨相契合「融匯中西，結合古今」。

盧延光（廣東省美術家協會副主席）

反觀伍月柳六十歲後的這些作品，花卉有了突破，發人之未發，寫人之未寫，很有個性與新的想像力，從結構上、墨色上、空間上突破，超脫於老師；特別是她的山水畫，神韻與美國電影《阿凡達》的場景，變化之大、精、氣、神、膽色、筆墨、脫開了老師平面的結構，進入空間的三維想像，成全了一個新的伍月柳，日後，在香港美術史中，她的風格和藝術由於獨特，是可以留史的，這是我的評價。

采風堂女主人　洛華苙（李奇茂夫人 台灣著名美術評論家）

習嶺南派之采統合筆情墨意。更嘗以（心境）去塑源自於主觀意識和表達獨創性作風去詮釋嶺南繪畫與現代感的繪畫創新的境界。重視整體氛圍的營造，由彩、光透視中顯現出極其開闊的心胸和膽大兼具心細去突出自我的丘壑，寫出淋漓盡致的心境和大自然虛實間的：「塑藝」。

她的畫華而不俗，豪逸而富深邃，有大家之氣勢，閨秀深情。

劉斯奮（廣東省文聯主席）

伍月柳女士是嶺南畫派的後起之秀，她早在上個世紀七十年代，即師從趙少昂與黃君璧先生習畫。由於既有天份，又勤於研習，技藝迅速精進，自八十年代中期，即脫引而出，受到各方矚目。其後十餘年間，曾在中國大陸、港、澳門、台、以及美、歐、澳洲、日、東南亞等地舉辦個展和聯展，並多次獲獎。她是一位成績斐然的畫家。

王亭之（著名國畫大師）

許多自命「現代」的畫人，刻意追求效果，但却似乎忘記筆墨亦是效果。伍月柳則不然，於大塊著墨色之處，依然有筆法可見，故我覺得，這才是寫「現代」國畫的正路。且不失國畫所應具備的詩意。

王凱（著名國畫評論家）

在伍月柳的筆下表現出的山、雲、水都富有濃郁墨色的變化，無論從筆墨的表現、章法的運用、形式的創造，還是氣勢的烘托及整體把握上，都有大膽的創新意識，更加有意地營造著某種宏大的氣息，並在這種氣息的氛圍中不時地人中求變、求靈、求新，乃至求動，並始終地追求著自己的藝術個性。她承傳了趙少昂的繪畫精髓，並獨創出自己的藝術風格。從作品上來看，具有個性與新的想像力，在佈局上形成了飽滿的畫面，富有遮天蓋地的磅　。

關山月美術館

伍月柳女士的中國畫展，為我們研究嶺南畫派的傳承與發展，提供了一份生動而翔實的個案，其清雅娟秀的作品也將觀帶來東方藝術的至美享受。

國立中正紀念堂

伍月柳師從國畫大師趙少昂、黃君璧，浸淫藝術創作 40 年，是香港最具代表性畫家之一。畫作師法自然，注重寫生，講究賦色及墨韵，用筆多變，掌

法嚴謹，取中西畫之特長，書寫出心中丘壑。其畫雖源於嶺南畫派，却不拘泥於「嶺南」二字，新意獨具，予觀者無限之想像空間。

徐傳鑫（《視覺藝術》主編）

對她的印象首先是作畫勤奮，寫畫純熟，蘸墨取色，不可暇接，與其氣質相合，有一種天生的衝力和不安現狀的創造力。她筆下的花鳥和山水，能斗方小品，臻妙生動；整紙巨作，從容不迫，於趙師的神髓之中，注入一份豪放不羈。

她的山水畫既不是設計師畫的無筆無墨的太空山水，也不是傳統北派山水。畫中的樹石溪樹自備一格，雲天情景，風貌趣巽；貌似仙境，實是心境。近日，見到懸於其客聽的一幅山水令人驚　，呈現烈現代氣息，得到同門顧媚等人的熱議佳評，堪稱里程碑之作『伍氏山水』已然初具面貌矣。

毛建波教授（中國美術學院教授 著名美術評論家）

首先指出，伍老師除了兼承二高一陳及趙少昂先生之嶺南畫風外，她亦會將西方文化元素融入他的畫作中，在求變的過程中，亦保留傳統嶺南風格，所以其發展空間仍很大。

孔令偉教授（中國美術學院藝術文學院副院長）

伍老師畫風活潑、大膽、山水畫的構圖、色彩比較豐富，層次分明，潑墨技巧有張大千的面貌典範，善於以現代化的手法，表現嶺南山水（城市），風格創新，構圖及選題等均走自己的路織。

楊振宇教授（中國美術學院藝術文學院副院長）

由於伍老師著重寫生的概念思想，所以其畫作中，看得出其創作活力，風格多樣，每幅畫都有完整概念，其潑墨技巧有張大千晚期的風格。

陳偉教授（中國美術館典藏部主任）

老師對傳統文化及西方文化兼收並蓄，因而風格多樣，畫風奔放、豪爽，再加上她為人做事不拘小節，胸襟廣闊及淵博見識，因而創作出了自己別樹一格的畫畫路線。

趙輝老師（中國美術學院展覽部主任）

透過今次伍老師的畫展中，看到嶺南畫派的一些優點，又融匯古今，跨越地域層面。伍老師為人豪爽，有魄力，她的畫跟人一樣，都非常有魄力。由她的畫中，看到一些細微的刻畫上面是非常講究及細膩，大山水、大開合的畫中一些筆法、墨法、塑造非常精彩。她著重寫生，看到她的一種生活氣息，及對畫面形體的一種塑造，都是來自於她精妙的觀察，看到她有多方面的融合，這都是我們傳統的水墨畫中很難看到的。

從芳華到暮霞── 伍月柳的藝術人生

著　　者　伍月柳

文字整理　賴玉蓮　關靜華

責　　編　俞　笛

設　　計　鍾文君

出　　版　中華書局 集古齋

香港北角英皇道 499 號北角工業大廈一樓 B

電話：（852）2137 2338　傳真：（852）2713 8202

電子郵件：info@chunghwabook.com.hk

網址：http://www.chunghwabook.com.hk

發　　行　香港聯合書刊物流有限公司

香港新界荃灣德士古道 220-248 號

荃灣工業中心 16 樓

電話：（852）2150 2100　傳真：（852）2407 3062

電子郵件：info@suplogistics.com.hk

版　　次　2024 年 7 月初版

規　　格　16 開（238mm × 170mm）

ＩＳＢＮ　978-988-8862-65-8